criminologie

Vol. XXIV, n° 1

Ce numéro a été préparé
par Lucie Lemonde

Table des matières

criminologie
(Acta criminologica)

criminologie, revue semi-thématique
qui reflète, de façon prioritaire
mais non exclusive, les travaux,
réflexions et recherches de la
communauté intellectuelle
québécoise

criminologie paraît deux fois
l'an, au printemps et en automne
Individus : Canada 14 $
Étrangers : 16 $
Institutions : tous les pays 27 $
Le numéro : 8,50 $

Pour commander,
veuillez vous adresser à :
DIFFUSION PROLOGUE
1650, boul. Lionel-Bertrand
Boisbriand, Qc
Canada   J7E 4H4
Tél. : (514) 434-0306
1-800-363-2864

Pour vous abonner,
veuillez vous adresser à :

PÉRIODICA
C.P. 444, Outremont, Qc
Canada   H2V 4R6
Tél. : (514) 274-5468
Le Québec et l'Outaouais
1-800-361-1431

LES PRESSES DE L'UNIVERSITÉ DE MONTRÉAL
Vol. XXIV, n° 1, 1991

ISSN 0316-0041   ISBN 2-7606-2418-8

Dépôt légal — 2ᵉ trimestre 1991. Bibliothèque nationale du Québec

EN HOMMAGE À ALICE PARIZEAU

Jacqueline De Plaen*

Peu de personnes auront vécu aussi intensément qu'Alice Poznanska-Parizeau. Née en Pologne en 1930, établie au Québec en 1955, à la fois journaliste, intervenante sociale, titulaire de recherche, essayiste et romancière, Mme Parizeau avait étudié en France à l'École des sciences politiques et à la faculté de droit de Paris. La carrière pour le moins polyvalente qui fut la sienne était le reflet du courage, de l'enthousiasme et du dynamisme de sa personnalité.

La criminologie fut l'une des facettes de ses activités. Elle devient secrétaire à la rédaction de *Criminologie* alors que la revue entrait dans sa huitième année. En 1975, avec l'assistance d'un comité de rédaction de trois membres, elle a assuré la publication du numéro annuel de près de deux cents pages et, deux ans plus tard, à son initiative, la revue devenait semestrielle. Jusqu'en 1982, elle administrera le périodique, en corrigera les épreuves, le fera connaître à l'étranger au cours de ses voyages. Elle y signera même près d'une douzaine d'articles, parfois rédigés la nuit sous la pression des dates de tombée, en remplacement d'un auteur ayant fait faux bond au dernier moment.

Sans détenir de formation particulière en criminologie, elle a pourtant participé à de nombreuses recherches au sein des équipes du Centre international de criminologie comparée de l'Université de Montréal. Le regard neuf et critique qu'elle apportait à tout problème social et l'intérêt qu'elle manifestait pour les questions les plus diverses l'ont entre autres dirigée vers l'étude comparative de la criminalité au Canada et dans les pays de l'Est, la déviance et le contrôle social dans les communautés inuit de Frobisher Bay, le rôle et le statut des juges en chef au Canada, le rapport présentenciel et les aspects théoriques de même que les applications concrètes de la déjudiciarisation.

Les mondes de l'édition et de l'écriture lui étaient chers. Elle disait souvent que l'écriture était le véhicule privilégié des idées et des changements sociaux. Quant à l'édition, elle avait ses vues bien à elle sur les politiques à suivre dans ce domaine. À son avis, le livre devait être accessible à tous, se vendre partout et au coût le plus bas possible. Aussi fut-elle heureuse de voir un de ses romans publié en feuilleton dans *La Presse* et de constater par la suite que les œuvres québécoises prenaient progressivement leur place dans le quotidien.

* Centre international de criminologie comparée, Université de Montréal, Case postale 6128, Succ. «A», Montréal (Québec) H3C 3J7.

Femme engagée, militante des droits de la personne, Mme Parizeau s'est intéressée particulièrement au sort réservé aux enfants, qui représentaient pour elle une valeur sacrée. Ses rapports de recherche et ses livres y consacrent plusieurs chapitres parmi les meilleurs.

Ainsi, dans *L'Adolescent et la société* (1972), *Ces jeunes qui nous font peur* (1972), *L'Envers de l'enfance* (1976) et *Protection de l'enfance : échec ?* (1979), elle expose ses préoccupations les plus vives à l'égard des enfants négligés et soumet aux lecteurs des solutions concrètes pour remédier à leur situation. Ses proches ont été témoins de ses multiples interventions personnelles auprès des jeunes parmi les plus démunis et de leurs parents.

À travers ses travaux sur les institutions, dont le rapport pour la Commission d'enquête Prévost sur l'administration de la justice pénale au Québec (1970), on décèle une préoccupation constante pour la personne. Cet intérêt se manifeste aussi bien dans son œuvre littéraire, qui prend peu à peu une forme épique, qu'à travers ses essais et même ses recherches criminologiques. Cette dualité entre l'institution sociale et l'individu constitue l'essentiel du dynamisme propre à son œuvre. Si la famille, la maison, l'université, le pays et la société sont, pour elle, autant de lieux de vie, autant d'occasions d'agir, de combattre, d'écrire, la personne et ses droits fondamentaux demeurent le point de convergence et l'aboutissement de sa démarche comme femme et comme écrivaine.

La société a reconnu les mérites d'Alice Parizeau à plusieurs reprises. Notamment, on lui a remis la Croix de Fer, à la Libération de 1945, pour ses activités dans la résistance. Son roman *Les lilas fleurissent à Varsovie* lui a valu le Prix européen des écrivains de langue française, en 1982. On la nomma membre de l'Ordre du Canada, en 1987. Et, en novembre 1990, la Société Saint-Jean-Baptiste vient de lui accorder, à titre posthume, la médaille d'argent *Bene Merenti de Patria* pour services exceptionnels à la patrie, aux côtés d'illustres prédécesseurs comme Marie Gérin-Lajoie, Wilfrid Pelletier et le docteur Armand Frappier.

Son sens de l'humour, sa facilité à communiquer, son goût de la lutte et surtout sa sincérité jamais démentie ont dicté à Jean Éthier-Blais le portrait suivant :

> Alice Parizeau se tenait debout à côté de la liberté (...) elle avait la démocratie chevillée au corps.
> (*Le Devoir*, 1er octobre 1990.)

Voilà l'héritage que nous lui serons à jamais reconnaissants d'avoir su nous transmettre.

ÉDITORIAL

Les droits des détenu-e-s devant les tribunaux
Lucie Lemonde

La question des droits des détenu-e-s a toujours soulevé controverses et débats passionnés. La lecture de ce numéro thématique montre bien que tel est encore le cas au début des années 1990. Il est vrai que les conditions physiques de détention se sont améliorées depuis le premier pénitencier[1], que le chat-à-neuf-queues a maintenant sa place au musée et que l'on ne décrit plus les prisonniers comme des esclaves de l'«État[2]». Il n'en demeure pas moins toutefois que la prison, qui, pour employer les termes de Foucault, «quadrille au plus près le temps, l'espace et les mouvements[3]» des hommes et des femmes qui y sont confinés, est une institution totale où la règle de droit est perçue comme une contrainte et une entrave à l'exercice du pouvoir discrétionnaire.

Au cours des années 1980, le mouvement pour les droits des détenu-e-s s'est déplacé et, à l'instar de ce qui s'est passé aux États-Unis, il a mené ses revendications devant les tribunaux. La lutte juridique des détenu-e-s pour la reconnaissance de leurs droits a porté bien sûr sur l'exercice de droits fondamentaux, tel le droit de vote, qui, comme le démontrent Bernheim et Millette, a rencontré et rencontre toujours une grande résistance, mais surtout sur le droit d'être traité équitablement. En plus de contrôler l'étendue de la liberté des détenu-e-s pendant l'incarcération en déterminant l'endroit de la détention, les autorités carcérales contrôlent également la longueur de l'incarcération par le jeu des remises de peine et des libérations conditionnelles. Les détenu-e-s réclament que ces décisions qui les privent de liberté soient équitables, non arbitraires. Ils revendiquent également le droit de participer aux décisions affectant leur vie.

La règle de droit n'existe pas que pour le plaisir de juristes tatillons. L'équité et l'impartialité sont l'essence de la liberté. Tous ont à gagner d'un système juste. C'est ce que reconnaît le Groupe de travail de la révision du droit correctionnel quand il affirme :

> L'absence d'un système équitable qui protège les droits des détenu-e-s accroît les tensions de la vie carcérale. Une personne incarcérée ne peut être qu'indignée de se trouver dans une société fermée, régie non pas par la loi, mais par un pouvoir discrétionnaire qui peut s'avérer largement

---

1. Voir l'article de Jacques Laplante.
2. *Ruffin* c. *Commonwealth*, 62 Va. 790 (1871).
3. Michel Foucault, *Surveiller et punir*, Paris, Gallimard, 1975, p. 139.

arbitraire. La tension qui en résulterait pourrait créer un climat de méfiance, pouvant mener à la violence et contraire aux intérêts non seulement des détenu-e-s, mais du personnel, de la direction et de la communauté en général[4].

Ce même groupe de travail affirme cependant du même souffle que «la règle de droit demeure une contrainte importante dans le fonctionnement du système correctionnel[5]». Est-ce à dire que le respect de la règle de droit signifie la perte de pouvoir et de contrôle?

Les tribunaux canadiens ont longtemps refusé d'assumer un rôle de surveillance des décisions internes du monde carcéral. Michael Jackson en était venu à la conclusion, en 1974, que le système correctionnel était un «État sans droit» perpétué par la grande réticence des tribunaux à intervenir derrière les murs de la prison[6]. Les conséquences de cette attitude de «laisser-faire[7]» étaient que les détenu-e-s étaient abandonné-e-s à l'arbitraire des autorités, sans aucun forum judiciaire pour contester les abus de l'administration[8].

Le principal motif de cette attitude de «laisser-faire» reposait sur la conception, encore tenace aujourd'hui, que la personne condamnée à l'emprisonnement perd inévitablement tous ses droits et ne jouit que de certains privilèges discrétionnaires. La mort civile a été abolie au Canada en 1892 mais les détenu-e-s ont continué à être perçu-e-s comme des personnes déchues de leurs droits. Plus récemment, dans un virulent jugement dissident, le juge Brennan de la Cour suprême américaine exprimait bien le sentiment de rejet social dont sont victimes les détenu-e-s:

> Il est tentant de penser que les prisonniers font partie d'un autre monde mais cela ne change rien au fait que cette société qu'ils habitent est la nôtre. Quand un prisonnier émerge de l'ombre pour demander un redressement constitutionnel, il n'invoque pas une série de principes étranges venus d'une lointaine culture. Il parle le langage de la Charte et nous devons l'écouter. Il nous demande de reconnaître que le pouvoir exercé

---

4. A. MacPhail, G. Parry, D. Weir, R. Cormier et H. Bebbington, *Cadre pour la révision du droit correctionnel, Document de travail n° 2*, Ottawa, Solliciteur général du Canada, 1986, p. 39.

5. *Ibid., La Philosophie correctionnelle, Document de travail n° 1*, p. 27.

6. Michael Jackson, «The Right to Counsel in Prison Disciplinary Hearings» (1986), *University of British Columbia Law Review*, vol. 20, p. 221; M. Jackson, «Justice Behind the Walls. A Study of the Disciplinary Process in Canadian Penitentiary» (1974), *Osgoode Hall Law Journal*, vol. 12, p. 1.

7. Ce que les Américains ont appelé le *hands off*. Pour une analyse critique de cette doctrine, voir «Beyond the Ken of the Courts: A Critique of Judicial Refusal to Review the Complaints of Convicts» (1962-1963), *Yale Law Journal*, vol. 72, p. 506.

8. Pour un historique complet de l'intervention judiciaire en droit carcéral, voir Lucie Lemonde, *L'Habeas corpus en droit carcéral*, Cowansville, Éd. Yvon Blais, 1990, 130 p.

dans l'ombre doit l'être dans des limites raisonnables[9]. (C'est nous qui traduisons.)

La reconnaissance par la Cour suprême du Canada de l'existence de droits pour les détenu-e-s, de même que la reconnaissance de l'obligation pour les autorités carcérales d'agir équitablement à leur endroit, n'est survenue qu'en 1980. Tout d'abord, la Cour suprême a clairement énoncé qu'«une personne emprisonnée conserve tous ses droits civils autres que ceux dont elle a été expressément ou implicitement privée par la loi[10]». Ensuite, elle a précisé: «Le principe de la légalité doit régner à l'intérieur des murs d'un pénitencier[11].»

Suite à ces deux affaires, a commencé une ère d'activisme judiciaire. Plusieurs décisions touchant tous les aspects de la vie carcérale, discipline, ségrégation, transfèrement, conditions de détention, fouille, remise de peine, libération conditionnelle, ont été contestées avec succès devant les tribunaux. Le groupe de travail du Solliciteur général reconnaît que «l'intervention judiciaire a joué, et continue de jouer, un rôle de premier plan[12]» dans la promotion des droits des détenu-e-s mais, selon lui, «le Parlement est mieux placé pour traiter ces questions, dans le cadre d'une révision fondamentale du droit correctionnel, que ne le sont les tribunaux, qui les traitent cas par cas[13]».

Lorsque la Cour suprême affirme que la règle de droit doit régner à l'intérieur des murs de la prison, elle ne fait pas du «cas par cas». C'est souvent l'administration qui refuse d'étendre à tous une décision favorable à un détenu et d'appliquer de façon uniforme et généralisée les énoncés de principe des tribunaux. L'affaire Le Bar, pour ne prendre qu'un exemple, est très éloquente à cet égard. La Cour d'appel fédérale avait, le 19 juillet 1982, rendu une décision sur la façon de calculer la sentence dans l'affaire MacIntyre. L'avocat de LeBar, le 13 août suivant, avisait les autorités du pénitencier de l'effet de ce jugement sur le calcul de sentence de son client qui aurait dû être libéré le 11 août. Le Bar n'a été libéré que le 22 septembre. Dans une action en dommages- intérêts pour ces 43 jours de détention illégale, la Couronne a plaidé que le jugement de la Cour d'appel n'avait pas force de chose jugée et ne s'appliquait pas dans les cas similaires. Le juge s'est insurgé contre cette assertion et contre le manquement d'appliquer le droit aux personnes dans la même situation. «De ce retard énorme et inexpliqué, a-t-il dit, on ne peut

---

9. *O'Lone* v. *Estate of Shabazz*, 107 S.Ct. 2400, 2407 (1987).
10. *Solosky* c. *La Reine* [1980], 1 R.C.S. 823, 839.
11. *Martineau* c. *Comité de discipline de l'institution de Matsqui*, [1980] 2 R.C.S. 602, 622.
12. *Loc. cit.*, note 4, p. 65.
13. *Ibid.*, p. 30.

que conclure à la négligence et au mépris intentionnel et injustifié du droit du demandeur à la liberté[14].»

Il existe un monde entre l'affirmation judiciaire d'un droit et son application quotidienne. La réaction du gouvernement à la reconnaissance du droit à la représentation par avocat devant les tribunaux disciplinaires des pénitenciers a consisté à tenter par tous les moyens de contourner la décision de la Cour d'appel fédérale dans l'affaire *Howard* c. *Le tribunal disciplinaire de Stoney Mountain*[15] afin que les détenu-e-s ne puissent exercer ce droit. Dans *Howard*, la Cour a décidé que le droit à l'avocat aurait dû être accordé à cause de la gravité de la sanction susceptible d'être imposée, soit la perte de la remise de peine que le détenu avait à son crédit.

En réaction directe au jugement *Howard*, le gouvernement a créé une nouvelle catégorie d'infractions dites intermédiaires pour lesquelles il ne peut y avoir de sanction de perte de bon temps. On pensait ainsi éviter le jugement *Howard*. Le raisonnement est simple : pas de perte de bon temps, donc pas de conséquences graves, donc pas d'avocat. De plus, Michael Jackson, dans son article «The Right to Counsel in Prison Disciplinary Hearings[16]», rapporte qu'une note de service a été remise à tous les directeurs leur enjoignant de ne plus porter d'accusations majeures sauf dans les cas d'assaut ou de voies de faits graves, mais uniquement des accusations intermédiaires, de sorte qu'il n'y ait jamais d'avocat[17].

Il est compréhensible que l'on ait opposé une résistance à l'exercice de ce droit, car la reconnaissance du droit à l'avocat devant les tribunaux disciplinaires constitue une brèche dans l'institution totale du fait qu'elle implique la présence de témoins extérieurs de cette justice quelque peu expéditive[18]. D'ailleurs, ne se contentant plus de se prononcer sur le respect de l'équité procédurale, les tribunaux ont commencé à casser des décisions disciplinaires pour cause d'absence de preuves[19].

---

14. *LeBar* c. *La Reine*, [1987] 1 C.F. 5895, confirmé à (1988) 46 C.C.C.(3d) 103.
15. *Howard* c. *Président du tribunal disciplinaire de Stoney Mountain*, [1984] 2 C.F. 642; permission d'appeler accordée, puis appel jugé théorique, [1987] 2 R.C.S. 68.
16. *Loc. cit.*, note 6, p. 278.
17. Depuis, les tribunaux ont affirmé que ce n'était pas la classification de l'infraction qui est déterminante mais bien la gravité de la sanction et que la condamnation à l'isolement cellulaire, «le trou», était grave car privative de liberté. Voir, entre autres, *Tremblay* c. *Président du Tribunal disciplinaire de Laval*, [1986] 25 Adm.L.R. 235.
18. Une enquête menée par l'Office des droits des détenu-e-s auprès du directeur de la prison de Bordeaux montre qu'en 1982, il y a eu 3 561 comparutions devant le tribunal disciplinaire de cette institution qui ont donné lieu à 3 561 verdicts de culpabilité. Les résultats de cette enquête non publiée sont déposés au secrétariat de la revue *Criminologie*.
19. Voir, entre autres, *Gosselin* c. *Bouwman*, C.F., T-587-85, 23 janvier 1986, j. Strayer; *Clark* c. *Fox*, C.F., T-1128-88, 24 juin 1988, j. Collier.

Il y a eu, devant les tribunaux, des gains importants et significatifs. Des études américaines[20] ont démontré que l'activité légale des prisonniers avait des effets positifs en améliorant leur attitude à l'égard du système et leur conduite en institution. Il semble également que cette activité légale réduise la tension, l'anxiété et l'hostilité entre les détenu-e-s et, finalement, serve la société tout entière au sein de laquelle tôt ou tard ces détenu-e-s retourneront.

Mais il est évident qu'à lui seul le recours judiciaire est insuffisant pour opérer des changements réels et réduire de façon importante l'arbitraire. Les ordonnances des tribunaux ne sont pas toujours appliquées uniformément et, règle générale, elles n'ont pas encore franchi les portes des centres d'accueil pour jeunes. D'autres problèmes ont surgi, auxquels il faudra porter une attention particulière au cours des prochaines années. On parle beaucoup aujourd'hui de surpopulation, de surreprésentation des autochtones, de suréloignement des nouvelles constructions, etc. Chez nos voisins du sud, on dit ironiquement que la seule institution sociale américaine contrôlée par les Noirs est la prison[21]. La situation canadienne n'est pas aussi critique, mais nous ne sommes pas à l'abri d'un tel développement.

Les textes qui suivent sont autant d'éléments de réflexion et d'analyse sur le thème des droits des détenu-e-s et sur la vie carcérale. Les contributions sont variées, multidisciplinaires et, à l'image de la polémique entourant ce thème, le dossier se termine par deux visions sur les conclusions à tirer de vingt ans de discours et d'action en matière de droits des détenu-e-s.

---

20. Geoffrey P. Alpert, J. Finney et J. F. Short, «Legal Services, Prisoners' Attitudes and "Rehabilitation"», *Journal of Criminal Law and Criminology,* vol. 69, pp. 616-626 (1978); G. Alpert, *Legal Rights of Prisoners: An Analysis of Legal Aid,* Lexington, D.C. Heath, 1978.
21. James J. Jacobs, «Race Relations and the Prison Subculture», in N. Morris et M. Tonry (éd.), *Crime and Justice: An Annual Review of Research,* vol. 1, Chicago, University of Chicago Press, 1979, p. 24.

CENT ANS DE PRISON:
LES CONDITIONS ET LES «PRIVILÈGES» DES DÉTENUS
HOMMES, FEMMES ET ENFANTS
Jacques Laplante*

The creation of the prison in the xixth century cannot be dissociated from the misery and distress it inflicts on a group of men, women and children who are already (in various ways) in a minority position in society. Reform after reform of Quebec prisons over more than a hundred years have not created a milieu without this misery and distress as though these were an inherent part of prison life itself. How, then, explain the persistence in wanting to keep such an institution whose objective was the moral rectification of the individual and insisted on rehabilitating him?

Au moment où le pénal était en pleine construction, la prison apparaissait comme un des plus grands espoirs de réformer les hommes, femmes et enfants qui ont pour principale caractéristique de n'avoir ni lieu ni feu. La prison aura vite fait de montrer ses vices et son incapacité à corriger des individus le plus souvent victimes, par ailleurs, de conditions sociales difficiles. Pourtant, elle est très vite donnée comme remède à elle-même. Le pénitencier, l'asile, l'école de réforme et d'industrie ne sont pas étrangers à cette première prison pénale. Dans ce travail, toutefois, seuls la prison et le pénitencier au Québec et au Canada font l'objet de notre brève analyse[1]. Les conditions de vie dans ces lieux de sûreté et les quelques privilèges que les individus y ont gagnés en cent ans guident notre réflexion sur cet instrument de réforme.

LA PRISON À SES DÉBUTS

Dans plusieurs pays européens mais aussi en Amérique du Nord, des bouleversements importants surviennent dans la vie sociale et économique, au début du XIXe siècle. Au Canada, les récriminations des marchands, la poussée des immigrants ne sont pas sans influencer la mutation assez soudaine que connaît l'usage des prisons. Les cris à l'oisiveté, au vice constituent un autre

---

* Professeur, Département de criminologie, Université d'Ottawa, Pavillon Tabaret, Ottawa (Ontario) K1N 6N5.
    1. Pour une analyse plus approfondie de la genèse de la prison et du pénitencier au Québec et au Canada, de leur mise en place et leur maintien en égard aux autres institutions sociales, voir Jacques Laplante, *Prison et ordre social au Québec* (1989), aux Presses de l'Université d'Ottawa.

facteur favorisant l'importation de l'idée d'emprisonnement comme peine.

Cette prison semble être le fruit d'une nouvelle civilisation, en même temps qu'elle aide à la former. Comme elle ne laisse que rarement des marques apparentes sur sa «clientèle», elle est vite «acceptée comme une innovation à perfectionner plutôt qu'à contester» (Foucault, 1980, p. 30). Cette idée de substitution de la prison aux anciennes tortures apparaît comme une amélioration. De fait, la prison vient plutôt compléter la nouvelle fonction sociale d'un État qui est désormais moins considéré comme un ensemble disparate d'institutions de soutien à la domination seigneuriale et marchande, que comme un appareil en voie d'intégration, de centralisation et de spécialisation. Cet appareil cherchera à prendre sous sa charge l'ensemble des «crimes», sans tenir compte des moyens locaux de médiation et de solution des conflits.

À Québec, par exemple, les crimes contre la propriété inquiètent, d'autant plus qu'ils augmentent de façon constante, de 1814 à 1834, alors que les délits contre la personne et contre la justice restent d'une relative stabilité. Mais de 1825 à 1832, le nombre de crimes faisant l'objet d'un internement grimpe brusquement. C'est dans la catégorie des crimes contre l'ordre public qu'il faut chercher la cause de la montée des détentions, de dire Fecteau (1980, p. 19). En 1823-1825, l'émeute et l'exploitation d'une «maison de désordre» sont en tête des chefs d'accusation. En 1832-1834, ces délits cèdent la place à l'oisiveté, comme cause première d'emprisonnement. En effet, le délit de vagabondage compte pour 36 pour cent de tous les chefs d'emprisonnement, en 1832-1834, alors que ce rapport était de 6 pour cent, en 1814-1817, et de 3 pour cent, en 1823-1825.

Qui tente ainsi de contrer le vagabondage? Pour un temps, seuls un ou deux juges s'en chargent pour tout le district, mais déjà, de 1824 à 1833, le nombre de juges de paix actifs double (passant de 21 à 41).

La prison devient un instrument de peine. Les sentences rendues par les juges sont uniformisées: la condamnation à la maison de correction (qui forme un seul et même édifice avec la prison, à cette époque) devient systématique (en 1832-1834, 81 pour cent des condamnés sont envoyés à la maison de correction).

Mais comment corrige-t-on ces vagabonds dans ces lieux de la prison qu'on appelle maisons de correction? En réalité, la prison ne remplit aucunement son rôle de correction. De fait, elle constitue, dès ses débuts, un lieu de perdition. Tentons de constater, quoique bien partiellement, ce qui s'y passe.

En 1837, François-Réal Angers, rapporteur des débats à la Chambre, visite la prison de Québec et en fait une description:

Chaque étage est divisé en deux par un passage ou corridor, aux deux côtés duquel sont les chambres des prisonniers. Chaque chambre peut avoir environ 15 pieds carrés, et contenir 12 ou 15 personnes. Il y a autour de cet appartement commun de petites cellules, qui servent de cabinet de nuit pour deux ou trois prisonniers.

La première chambre que nous visitâmes renfermait les criminels condamnés récemment à la déportation : ils étaient au nombre de 13, tous dans la fleur de l'âge et condamnés pour récidive, le plus jeune n'avait que 12 ans, le plus âgé n'en avait pas 25 (...)

(...) de cette chambre nous passâmes dans celle des malheureux insensés, qui parcourent nos rues l'été, et que la police empêche ainsi de périr pendant l'hiver, en les enfermant dans une prison à défaut d'un asile que nous n'avons pas (1837). C'était la réunion qui offrait le tableau le plus affligeant et le plus désagréable qu'il y eût dans ce bâtiment et qui portait surtout l'empreinte de la misère et de la dégradation.

(...) Nous visitâmes enfin le cachot des condamnés. En entrant dans cet asile, nous aperçûmes quatre hommes, étendus sur un méchant grabat, et éclairés par une seule lampe, qui ne jetait dans cette étroite demeure qu'une faible clarté (...) Il n'était guère possible d'entrer dans ce cachot étroit, bas et obscur, et d'aborder ces quatre personnes, destinées à une mort honteuse, et dont la pâleur était augmentée encore par la teinte jaunâtre des murailles, sans éprouver une émotion vive, un serrement de cœur. (Angers, cité dans Boyer, 1966, p. 447.)

Le révérend Sewell décrit sous un autre angle cette prison de Québec (Sewell, in Durham, 1838, *Appendix to Report on the Affairs of British North America*, pp. 14-15). D'abord, elle est en pleine ville, compliquant ainsi la vigilance et la discipline que devraient y apporter ses officiers. Y sont destinées toute une variété de personnes : les condamnés, ceux qui y attendent leur procès, les débiteurs infortunés, les maniaques, les vilains endurcis, les jeunes. Pendant l'année 1830, 743 personnes occupèrent la prison, dont 170 femmes, 60 jeunes (moins de 20 ans), 70 récidivistes et 235 vagabonds. Parmi ceux-ci, au moins la moitié cherchaient refuge dans la prison pour éviter de mourir de faim ou de froid. Les dépenses de la prison pour cette même année étaient d'environ 1 770 livres.

Le révérend signale, à titre de secrétaire honorifique de l'Association de la prison, que la création d'un pénitencier avait été suggérée à l'Assemblée, en 1829-1830, afin de faciliter la séparation des prisonniers. De même, il indique qu'une maison d'industrie pourrait être utile pour les prisonniers qui, à la fin de leur sentence, désirent se réadapter au travail. Cette maison pourrait encore desservir les vagabonds et les enfants des prisonniers.

Compte tenu de la nature physique des lieux décrits par Angers, il est clair que tous les prisonniers se retrouvent ensemble, aussi bien le jour que la nuit. Et il y a, de plus, les femmes qui se trouvent dans la dite maison de correction, à l'intérieur de la même prison.

Des récidivistes, des femmes, des insensés, des vagabonds, des condamnés, des jeunes; voilà ce dont se compose surtout la population de la prison de Québec.

À la même époque, ce qui se passe à la prison de Montréal est bien à l'image du désœuvrement connu à la prison de Québec. On y trouve aussi un ramassis de toutes sortes d'infortunés (Grand Jury, *Journaux de la Chambre d'Assemblée de la province du Bas-Canada*, vol. XIV, et Comité pour enquêter sur l'institution du système pénitencier au Canada, 1836).

À la prison de Montréal, l'incarcération mixte des hommes et des femmes attire, en 1835-1836, l'attention des grands jurés. C'est d'ailleurs le seul sujet dont ils veulent entretenir la Cour, car, faut-il le dire, les qualités morales des femmes concernant tout ce qui a rapport aux questions sexuelles préoccupent sans cesse les autorités:

Elles sont abandonnées à elles-mêmes, vivant dans l'oisiveté et s'encourageant mutuellement au vice. Elles ne sont surveillées que par des hommes. (Bas-Canada, *Journaux de la Chambre d'Assemblée de la province du Bas-Canada*, vol. 45, 1836.)

Les grands jurés demandent à la Cour d'adopter pour la prison de Montréal le modèle suivi à Québec, où les femmes sont sous la surveillance d'une femme «respectable» qui les fait travailler et qui leur donne leçons et exemples de vertu.

Car il en faut de la vertu pour demeurer dans une cellule où l'on a peine à se retourner et où il n'y a ni paillasses, ni couvertures. Il n'en faut pas moins pour se contenter, pour toute nourriture, d'une livre et demie de pain et d'un gallon d'eau par jour et encore, seulement si on le gagne en travaillant et en étant docile (Borthwick, cité par Lefebvre, 1954, p. 527).

De fait, c'est la mort, de faim et de froid, d'un vagabond, en 1835, qui permet d'entrevoir les conditions impossibles de la prison dans l'«enquête générale» ordonnée à ce moment. Le geôlier et ses fils (ivrognes, débauchés, vagabonds reconnus) seraient les principaux responsables de la corruption, du traitement abusif des prisonniers et de leur mort (principalement chez les vagabonds) (Bas-Canada, *Journaux de la Chambre d'Assemblée*, 1836).

En effet, les enquêteurs en arrivent à la conclusion que, malgré le mauvais état de la prison, ceux qui en ont la garde peuvent chauffer et nourrir correctement les prisonniers et prisonnières.

Pourtant en 1857, cette prison n'a guère changé :

> On pourrait (la prison) presque l'appeler une maternité, tant sont nombreuses les femmes enceintes qui y viennent, qui y font leurs couches (...) On pourrait la nommer un hospice pour les enfants qui y sont reçus en nombre très considérable, et à un âge très tendre (...) Un hospice pour les individus âgés des deux sexes, et pour les infirmes de tous les genres (...) un asile d'aliénés (...) (Lettre du médecin Beaubien à l'inspecteur Nelson, cité dans Boyer, 1966, p. 482.)

Même si, selon les inspecteurs en 1859, les 30 pour cent de femmes qui constituent la population des prisons communes sont quasi toutes des prostituées, il y a plusieurs centaines (600 environ) de jeunes en bas de 16 ans (garçons et filles), des récidivistes de toutes sortes, des ivrognes, etc. La prison ramasse, de plus, tous ceux qui traînent dans les rues et qui gênent. Elle continue d'ailleurs à le faire bien au-delà de ses premières expériences.

LA VOCATION DES PRISONS ET LEUR RÔLE EFFECTIF

Les inspecteurs, qui reçoivent leur mandat en 1868, font dorénavant des visites dans les prisons et soumettent un rapport annuel. Ils nous instruisent non seulement sur la vocation avouée de la prison, mais encore sur son rôle effectif.

Selon les inspecteurs, qui remplit ces prisons ? Pour la grande partie, des infortunés sans éducation, perdus par des parents «sans entrailles» ou des amis corrompus, abandonnés. Les prisons deviendraient pour eux d'agréables refuges.

Les inspecteurs au Québec, dans leur premier rapport, racontent ce qu'étaient les prisons, en 1858. Ils le font en rapportant le bilan des inspecteurs de prisons du Haut et du Bas-Canada. Rien, absolument rien ne va :

> Les défauts de nos Prisons sont de tous les genres, et bien qu'il y ait divers degrés, il n'en reste pas moins vrai qu'aucun de ces établissements ne répond au triple but qu'on doit se proposer en les formant, savoir : punir, contenir et amender. (*Document de la Session*, n° 23, 1869, pp. 3-4.)

> Les prisons ont été négligées à ce point que dans presque toutes, il n'existe aucune espèce de règlements ; les choses vont comme elles peuvent, et le malheureux geôlier est forcé d'en prendre son parti et de se tirer

d'affaire sans l'autorité du Shérif qui n'est guère mieux situé que lui sous ce rapport. (*Document de la Session*, n° 23, 1869, pp. 3-4.)

Les défauts se situent au niveau de la surveillance, de la discipline, des moyens de moralisation, du personnel, des constructions et de l'hygiène. Six prisons n'auraient que le geôlier pour tout faire, alors que les règlements sont inexistants, que la classification des prisonniers est impossible.

Les prisonniers demeurent ensemble pendant le jour, et couchent ensemble (à peu d'exceptions près) par deux, par trois et par six pendant la nuit. En dehors de la séparation plus ou moins parfaite des jeunes, on peut dire que les âges, les conditions, les moralités forment dans ces établissements, un pêle-mêle déplorable au milieu duquel nous apparaissent de pauvres aliénés, de malheureux indigents sans feu ni lieu, et de plus malheureuses créatures encore, qu'une première faute, souvent comparativement légère, condamne presque infailliblement de cette sorte à une perte complète. (*Document de la Session*, n° 23, 1869, pp. 3-4.)

En plus d'être défectueuses, les prisons varient dans leur degré de médiocrité : d'une discipline à peine apparente à une discipline nulle, d'un logement passable à un logement affreux, d'un travail sporadique à l'oisiveté complète (même là où le tribunal a imposé les travaux forcés au condamné), d'infractions à la discipline punies à aucune infraction notée parce qu'aucune discipline et de ce fait aucune punition. De plus, rien n'est fait pour pourvoir aux «besoins religieux», de sorte qu'il n'y a pas de moralisation possible.

Bref, «il faut se hâter de le dire à la suite de beaucoup d'officiers, d'aumôniers et de médecins de nos Institutions pénales, nos Prisons communes sont des écoles de vice où dans le sein de l'indolence et des voluptés de la crapule, les jeunes délinquants vont apprendre les roueries du mal, de ceux qui, plus vieux dans le crime, s'en constituent les précepteurs et les modèles» (*Document de la Session*, n° 23, 1869, pp. 3-4).

Les objectifs de la prison ne sont pas atteints faute de personnel, d'hygiène, de surveillance, de règlements, de religion et de la moralisation; c'est là le message de ces inspecteurs. Même la clientèle n'est pas bien choisie, car c'est aussi elle qui doit assurer le succès de l'institution.

Le choix de la clientèle semble très important et cet élément vient compléter la kyrielle des fameuses maximes des prisons (Foucault, 1975, pp. 274-275). Changer le comportement, classer, individualiser la peine, faire travailler, éduquer, surveiller (techniquement) prennent leur importance alors que la relance se fait déjà souvent sous le signe de la charité.

Que sont devenues ces prisons dix ans plus tard? Selon les inspecteurs, on y trouve des gardiens un peu plus zélés, à cause des règlements mis en vigueur, un classement des prisonniers un peu plus soigné, des livres de dépenses mieux tenus. Mais ce sont surtout les défauts qu'ont retenus les prisons, que ce soit dans les «moyens de moralisation», dans l'hygiène ou dans la construction elle-même.

Il faudrait séparer les femmes des hommes, organiser le travail, établir des prisons centrales, faire l'instruction religieuse, aménager les «lieux d'aisances». Enfin, pour mettre un peu d'ordre, il faudrait établir un plan d'ensemble des maisons pénales et de bienfaisance qui soit capable de distinguer les différences dans le mal, le contrer ou le prévenir: séparer les hommes des femmes, oui, mais aussi les jeunes des vieux et des vieilles et les diviser aussi entre eux, isoler les fous, distinguer protégés et délinquants, éloigner les alcooliques, ranger les récidivistes, s'occuper des pauvres honnêtes, etc. Le vice dans la grande majorité des cas et les vertus morales (associées au sexe) des femmes à chaque occasion reviennent diriger les contours du réseau.

L'espoir des inspecteurs qui proposent ce réseau est, ni plus ni moins, de réserver la prison aux cas spécifiques. Les cinq mille prisonniers détenus en moyenne annuellement pourraient être mieux contenus pour arrêter la criminalité, le rêve d'une bonne classification se réaliserait enfin, la récidive serait éliminée et le travail des prisonniers amélioré. Cela viendrait changer l'image que leur laisse la population carcérale des 12 dernières années alors que la récidive est fréquente, le nombre de fous emprisonnés inadmissible, le travail, en plus de ne rapporter qu'une fraction du coût de la prison (65 cents par prisonnier, en moyenne, non en une année mais bien en 10 ans), insignifiant en soi. Pourtant, la prison apparaît nécessaire à une bonne administration de la justice, au moins autant que le tribunal.

Ce n'est qu'en 1903 que les inspecteurs s'avisent que «les récidivistes ne sont pas toujours des criminels endurcis», mais souvent des gens sans travail qui cherchent à passer l'hiver sous un abri quelconque. Ce changement notable de point de vue en rapport avec les récidivistes s'ajoute à un autre constat des inspecteurs: la montée de la population en prison peut être due à des «institutions respectables» dont ils ne peuvent critiquer le rôle. Ils ne révèlent pas quelles sont ces institutions.

Le parcours suivi par les inspecteurs, pendant un demi-siècle, a abouti à un cul-de-sac, aussi bien pour eux que pour les quelques idées qu'ils ont défendues. En effet, leur démission semble imminente vers la fin du siècle dernier et leur rôle s'efface lentement. Ils ne seront là que pour rapporter des incidents et serviront moins de caution aux devoirs que l'État disait devoir remplir.

En réalité, on peut affirmer que les inspecteurs n'ont guère vu la prison s'améliorer dans leurs nombreuses visites, si ce n'est au niveau de certaines conditions de vie. Leurs visites étaient par trop rapides, et pour cause. Pensons simplement au nombre d'institutions à inspecter par un si petit nombre d'inspecteurs.

C'est sur les récidivistes que s'acharnèrent principalement les inspecteurs. Ceux-ci s'aperçurent, après quelque trente ans, que bon nombre de ces récidivistes pouvaient bien être sans malice et ne représenter aucun danger. N'empêche que c'est à partir d'eux qu'ils ont aidé l'État à construire la prison. Au second rang viennent les femmes. Jamais ils ne se sont lassés de les décrier, sur la base de leur habitude de la prostitution et de la dégradation morale où les plonge ce métier. Le récidiviste aussi bien que la femme déchue ont ainsi permis de réaffirmer les valeurs sociales. Les inspecteurs se devaient de faire appel à ces valeurs. C'est par elles que l'on passe pour construire la prison et pour en faire valoir les maximes. Celles-ci, poursuivies sans relâche par les inspecteurs, montrent bien le peu de distance qu'ils ont prise par rapport à cette prison, celle-ci échouant sans cesse à atteindre ses objectifs déclarés.

Tout compte fait, le discours des inspecteurs, fait d'espoirs, de peurs, de dénonciations, d'encouragements, de dépits, de mythes, s'est inspiré de leurs observations d'un groupe de vagabonds et d'ivrognes pauvres (hommes, femmes ou enfants).

En 1871, des 3 640 offenses commises par les détenus, le vagabondage et l'ivrognerie comptent pour 1 605. Les offenses graves ne totalisent pas plus d'une trentaine. Vers la fin du siècle, en 1898, l'on trouve encore l'ivrognerie et le vagabondage, cette fois pour les trois quarts des 4 370 offenses, alors que les offenses graves ne comptent encore que pour une trentaine.

Ce même discours, et ce que l'on a bien voulu en croire (car des vagabonds et des ivrognes peuvent déranger, mais ne présentent habituellement aucun danger), a servi à monter un appareil fabuleux sans aucune proportion avec les problèmes réels.

Malgré cette immense misère qui se rencontre dans la prison et malgré aussi cette énorme cruauté que constitue la prison en elle-même, on le sait, une autre est proposée: le pénitencier. On se persuade alors qu'elle peut être un remède à elle-même et qu'elle est nécessaire pour contrer le «crime grandissant». Elle est d'abord expérimentée chez nos voisins du sud, en tant que système bien entendu, avant d'apparaître chez nous.

LE PREMIER PÉNITENCIER

Aux États-Unis d'Amérique, deux grands systèmes apparaissent. Cherry Hill impose sa discipline par les limites de la cellule, qui telle une cage s'appesantit sur l'individu, le disciplinant avant même qu'il ne commette une infraction aux règles du pénitencier. Dans le système auburnien, c'est le fouet (instrument privilégié), la solitude absolue, la privation de nourriture, de sommeil, etc., qui font respecter les exigences de la vie pénitentiaire, soit le travail et le silence.

Ces deux systèmes pénitentiaires fort similaires animent les débats politiques pendant plus de cinquante ans aux États-Unis (et ailleurs). C'est dire l'importance du «criminel», c'est confirmer la valeur de l'ordre que l'on veut instaurer. Le «criminel», c'est un ennemi du genre humain et il a contre lui l'humanité tout entière. Dans la pensée de la démocratie américaine, «il est une déviance destructrice de la norme, de ce consensus moteur du fonctionnement global» (*Introduction aux œuvres de Tocqueville*, par M. Perrot, 1984, p. 43). Dans cette démocratie, ajoutera Tocqueville, la société peut faire tout ce qu'elle veut pour sa conservation et pour l'ordre établi. La plus grande liberté y règne et, comme s'il s'agissait là d'un corollaire, «le plus complet despotisme» dans les pénitenciers. La liberté n'est valable, en effet, que pour ceux qui acceptent l'ordre établi ou changeant, ou se trouvent dans des conditions qui leur permettent de le faire.

De fait, le pénitencier est contemporain du bouleversement rural et de l'économie agricole; il devance, en ce sens, l'industrialisation et la grande ville. Ce bouleversement n'en est pas pour autant la cause en soi (Ignatieff, 1981, p. 164). C'est plutôt l'interprétation alarmiste du désordre (bouleversement) par les philanthropes réformistes qui agit, par le fond, sur les divers groupes de la société, dont ceux qui doivent créer les lois et les exécuter. La société civile est inquiète et elle accueille toute idée qui réduira ses inquiétudes. Ce «criminel», devenu ennemi du genre humain plus que simple vagabond, pauvre ou fou, qui incarne le mal, mérite désormais toute l'attention. Il exige, par ce qu'il représente, une punition capable de réconcilier intimidation et réforme, une punition qui calme les inquiétudes et qui rassure vis-à-vis de l'ordre à maintenir. Le pénitencier allie ainsi terreur et «humanité». Il n'attribue plus à la mauvaise administration toutes les tortures infligées jadis du fait de la négligence des anciens milieux carcéraux; il les incorpore plutôt dans ses règles afin de faire régner son autorité. Coupant le prisonnier du monde extérieur (et de tout autre monde), il tente de le refaire par une série d'artifices qui laissent leurs empreintes (mais pas celles qu'il recherche).

Le pénitencier et la réforme qu'on y poursuit, à travers des débats acharnés sur le travail en isolement ou le travail en commun, semblent vouloir être plus qu'une copie de la discipline qu'exige l'usine comme telle. En effet, la discipline carcérale se veut davantage une technique de surveillance qu'une technique d'usage des corps au travail; c'est d'abord une discipline panoptique. Par la suite, cette discipline peut bien se faire omniprésente et s'exercer sur de plus grandes masses d'hommes, afin de réduire le travail non-productif (Gaudemar, 1982, pp. 18 et ss). Très difficile à instaurer à l'usine, cette discipline se bute aussi à de multiples échecs en prison, conduisant sans cesse à de nouvelles expériences, pour finalement aboutir à un amalgame complet.

L'Europe s'inspirera du modèle pennsylvanien (Cherry Hill), avant de proposer, un peu plus tard, son système progressif: régime d'emprisonnement cellulaire puis, ensuite, régime de travail en commun le jour. Cette formule combine ainsi les systèmes pennsylvanien et auburnien et assure une demi-liberté au détenu soumis.

Ainsi, au Haut-Canada comme en Europe, l'emprisonnement tel qu'il se pratique aux États-Unis présente un modèle intéressant pour le traitement des «criminels». Cette mixture de travail et de réflexion doit pouvoir transformer et l'âme et le comportement d'une population d'endurcis, alors que les autres marginaux des classes dangereuses vivent des mesures plus douces.

Une première résolution, dans les débats de la Chambre du Haut-Canada, en vue de la construction du pénitencier de Kingston, apparaît en 1832. Le bâtiment n'est pas achevé, en 1835, qu'on y accueille déjà les premiers détenus. Le pénitencier de Kingston assurera le cadre moral désiré, instituant la «pénitence» par l'entremise de l'isolement et de la correction, ainsi que du travail forcé. Le Haut-Canada va faire sien le traitement pénitentiaire, offrant la sécurité aux groupes qui se sentent en danger et réformant les mal-éduqués. Pour accéder à la «réforme morale», le Haut-Canada, comme les États-Unis, avait besoin de cette nouvelle institution : les anciennes prisons, servant de centres de détention pour ceux qui attendaient leur procès ou l'exécution de leur sentence, n'étaient pas adéquates pour effectuer la réforme des prisonniers (Beattie, 1977, p. 13). Pour réussir cette réforme, le prisonnier doit être livré pendant un certain temps au geôlier. Dès 1843, la législature du Canada-Uni adopte une loi en vertu de laquelle Kingston ne reçoit que des condamnés dont la peine est d'au moins deux ans. Jusque-là, le détenu pouvait y être pour une peine de six mois.

La construction du pénitencier a été modelée à partir du bloc cellulaire auburnien et du dôme pennsylvanien (Ciale, 1983, p. 19). L'installation d'un bloc cellulaire auburnien permettait la ségrégation des détenus le soir et l'association commune pour les travaux forcés le jour. L'installation d'un dôme pennsylvanien permettait une surveillance générale du pénitencier. La règle du silence était secondée par des punitions corporelles afin de renforcer la discipline générale du pénitencier. En somme, l'État, par la construction du pénitencier et la mise en place de ses principes, souhaitait créer un effet dissuasif général sur la population contre la commission de crimes futurs et visait la punition des coupables par l'incarcération et la réforme des détenus. Toutefois, les premières années d'opération du pénitencier de Kingston ne furent guère marquées de réussites.

Un directeur, Henri Smith, un directeur adjoint, William Powers (ancien directeur adjoint d'Auburn), cinq inspecteurs et un aumônier constituaient la direction générale du pénitencier, en 1835. Dès leur première année en fonction, ils durent accueillir 55 prisonniers.

Mais c'est véritablement avec le rapport d'un comité spécial du gouvernement, en 1836, que le pénitencier connaîtra son coup d'envoi.

Selon le comité spécial pour l'adoption d'un système pénitentiaire efficace, la prévalence du crime dans le Bas-Canada nécessitait la construction d'un pénitencier. Mais, d'autre part, cette prévalence du crime était due principalement à l'absence de toute discipline dans les prisons, de même qu'à leur construction vicieuse, qui valait aux prisonniers d'être enfermés en commun.

Le comité spécial tentait ensuite d'expliquer que la société ne saurait avoir pour but de se venger d'un individu coupable de méfaits : « Son objet unique est d'empêcher le coupable de lui nuire dorénavant : elle croit parvenir à cette fin, soit en l'expulsant à jamais de son sein, soit en ne le séquestrant que pendant un temps limité, pendant lequel elle peut espérer son repentir et sa réforme. »

Le comité spécial rejette la réclusion pure et simple comme inefficace et comme ayant de funestes résultats, à savoir l'augmentation du crime à un degré alarmant. Pour le comité, la longueur de la réclusion, sa sévérité (supplices et tortures) n'ont eu pour résultat que la vengeance du coupable ou son insanité. Par contre, aux États-Unis, selon le comité spécial, on a mis fin à cette législation inepte en descendant « dans le cœur du coupable » et en trouvant « dans la cause même de son péché le moyen d'opérer *sa réforme*. L'oisiveté l'avait entraîné dans la débauche, de la débauche dans la misère, de la misère dans le crime, et du crime en prison. Il fallait donc pour le ramener à son devoir social lui donner les habitudes et le goût du travail. » (Bas-Canada, *J.A.L.*, *Appendice F.F.F.*, 1836, p. 2.)

Deux systèmes ont été élaborés aux États-Unis afin de donner le « goût du travail ». Le comité spécial admire les deux, mais préfère celui d'Auburn à celui de la Pennsylvanie. Les raisons : les témoignages de Beaumont et de

Tocqueville, selon lesquels il y aurait moins de mortalité, moins de frais. Le succès de Kingston et les témoignages de son directeur adjoint, W. Powers, les confirment dans leur opinion.

D'ailleurs, le président du comité spécial joint, à cet effet, une longue lettre de Powers adressée à L.-J. Papineau. Powers y vante la supériorité du système auburnien sur le système pennsylvanien.

Le grand avantage du système de Philadelphie, ainsi que ses partisans le prétendent, consiste en ce qu'il tend, plus que les autres, à produire la réforme dans le cœur du Criminel. Si cela était vrai, et si son influence funeste sur la santé ne le proscrivait pas, il faudrait admettre que ce système est en effet le meilleur. Car le grand but d'un Pénitencier, après la sûreté publique, est assurément de réformer le cœur du Criminel. Mais je crois que cette théorie n'est pas vraie. Je pense que ce système est aussi peu propre à réformer les mœurs des Criminels, comparé au système d'Auburn, qu'il convient sous le rapport de la santé et des finances. Le trait saillant et caractéristique de ce système et par lequel on veut amener une réforme chez le Criminel est la réclusion et la solitude ; c'est là le grand mobile. Il n'y a rien de tel que la solitude, disent les partisans de ce système, pour dompter l'esprit, adoucir les passions, et réformer le cœur.

Le 19 février 1836, Girod, un Suisse français, présente un témoignage qui renchérit sur celui de Powers :

Je sais que les partisans du système Pénitentiaire de Pennsylvanie prétendent changer entièrement leurs pupilles. Cette illusion est douce, mais néanmoins ce n'est qu'une illusion. Il faut un instant se mettre à la place du criminel, dans sa cellule solitaire, pendant quelques années peut-être, et se demander à quoi l'on ne serait pas disposé pour se soustraire le plus tôt possible à ce cruel état. Lisez l'histoire des Prisons d'État, de la Bastille, du Castel del Novo, etc., et vous aurez l'histoire future, et je crains l'histoire actuelle des pénitenciers de Philadelphie.

Je ne doute nullement que les Prisonniers ne s'endossent l'extérieur de la contrition, du repentir, de la religion ; l'hypocrisie est si naturelle, et l'on peut dire si excusable dans leur situation !... Le système d'Auburn ne réussit pas non plus à changer le cœur des criminels ; mais moins maltraités par la Société, plus protégés par elle dans leurs affections et leurs espérances, ils se soumettent à ses lois, parce que sans la soumission à ces lois ils savent très bien qu'ils ne sauraient rester dans cette Société qu'ils n'abhorrent pas, mais qu'ils regrettent, mais qu'ils rappellent de tous leurs vœux. (Bas-Canada, *J.A.L., Appendice F.F.F.,* 1836.)

Le comité spécial termine son rapport en souhaitant que la Chambre accorde son attention à un type d'institution auburnien tel qu'administré aux États-Unis.

La population carcérale de Kingston atteint le nombre de 150 détenus en 1838. De 1842 à 1845, le nombre de prisonniers passe de 164 à 478. Deux facteurs secondaires ont été suggérés pour expliquer l'augmentation soudaine de la population carcérale entre 1842 et 1845; l'admission, au pénitencier, des personnes condamnées du Bas-Canada, à partir de 1840 (acte d'Union), et celle des personnes condamnées sous le régime militaire (Beattie, 1977, p. 29). Malgré l'incidence de ces facteurs, la direction générale est amenée à rendre compte de la récidive des ex-détenus, vers la fin de 1847. De plus, la direction générale fait l'objet de beaucoup de publicité néfaste concernant son administration et le gouvernement en est importuné. Aussi, en 1848, une commission (la commission Brown) est chargée de faire une enquête sur ce qui se passe au pénitencier de Kingston (Beattie 1977, p. 28).

La commission remet son rapport, en 1849, au ministre de la Justice du gouvernement provincial du Haut-Canada. Le rapport prononce plusieurs chefs d'accusation contre la direction générale, spécialement à l'égard d'Henri Smith. Elle dénonce l'échec de la direction générale vis-à-vis de l'implantation de la réforme des criminels, de la discipline et de l'ordre. Selon cette commission, les principales causes de l'échec sont la conduite personnelle du directeur général (Henri Smith) et l'administration excessive des peines corporelles pour maintenir le régime du silence:

– rire et parler: 6 coups de chat-à-neuf-queues;
– se battre avec un détenu: 24 coups de chat-à-neuf-queues;
– parler à la toilette: 6 coups de nerf de bœuf;
– fixer quelqu'un ou être distrait à table: régime au pain et à l'eau;
– laisser le travail: 36 heures en réclusion au pain et à l'eau dans une cellule sombre;
– parler français: 12 coups de nerf de bœuf (Gosselin, 1977, p. 52).

En 1845, 500 détenus reçoivent 2 102 punitions; en 1847, on en administre 6 063. Un détenu reçoit en moyenne de 4 à 5 punitions corporelles en une année. Parfois, c'est par groupes de 20, 30 ou 40 qu'hommes, femmes et enfants sont fouettés publiquement. On remarque qu'en 1846, par exemple, il y a 16 enfants en dessous de 16 ans et 75 adolescents entre 16 et 20 ans.

Enfants et adolescents sont fréquemment parmi les victimes du directeur et des gardiens. Un garçon de 10 ans, condamné pour 7 ans en 1845, fut fouetté 57 fois en huit mois et demi pour des offenses telles que rire et fixer quelqu'un. Un autre garçon de huit ans, Antoine Beauche, reçut 47 punitions corporelles en neuf mois. De même en fut-il pour des jeunes filles comme Sarah O'Connor, Elizabeth Breen. La liste des torturés n'en finit plus.

Si l'on en croit les commissaires,

> (...) *the penitenciary system during the Smith regime had been barbarous and cruel, as well as from the conviction that it had defeated rather than forwarded the ends of punishment. But the purpose of the pentienciary remained what it had been to create an environment in which men would be re-made* (Beattie, 1977, pp. 34-35.)

Dans cette optique, la commission attribue l'échec du système pénitentiaire à des facteurs extérieurs à celui-ci, et permet alors un nouvel espoir vis-à-vis la réforme des criminels par l'entremise du pénitencier.

Pourtant, d'amples informations sont recueillies par les commissaires pouvant les entraîner à des conclusions fort différentes, qu'il s'agisse des questions de discipline, de surveillance, d'autoritarisme ou d'abus de pouvoir, toutes questions reliées expressément au «pénitencier et non à un homme».

Les commissaires rappellent que les objectifs du pénitencier tel qu'on le connaît en Angleterre sont de séparer les prisonniers de leurs anciens associés, de faire le tri entre ceux qui veulent se réformer et ceux qui ne le veulent pas, de leur enseigner des métiers et de leur faciliter ainsi la sortie. Les commissaires recommandent, à cette fin, que les détenus, à leur arrivée, soient soumis à un isolement complet, mais pour pas plus de six mois. Ensuite, ils pourront se joindre aux autres prisonniers au moment du travail et des repas, mais toujours en silence. Cette façon de faire serait la meilleure, car étant plus humaine, elle susciterait davantage la confiance du prisonnier et lui fournirait une bonne occasion d'effectuer sa réforme morale. Les commissaires tiennent aussi à ce que la direction du pénitencier laisse voir à ses pensionnaires qu'ils sont tous sur un pied d'égalité. Chacun des détenus devrait savoir à quoi s'attendre, connaître ses droits et obligations, lesquels doivent être définis très clairement. Enfin, pour assurer la «bonne marche» du pénitencier, des inspecteurs extérieurs devraient être nommés et investis d'un pouvoir réel.

Ce nouvel espoir de réforme ne se concrétise pas au niveau des conditions de vie à l'intérieur du pénitencier de Kingston mais il s'incarne, entre autres, dans la construction de nouveaux pénitenciers provinciaux: l'un à Saint-Jean, au Nouveau-Brunswick, et l'autre à Halifax, en Nouvelle-Écosse.

Ainsi, si nous retournons au pénitencier de Kingston quelque temps après les recommandations de réforme de la commission Brown, les inspecteurs, dont le statut et le rôle suggérés par cette même commission ont pris en principe une importance plus grande, décrivent la situation.

Selon leurs dires, au moins la moitié des «crimes» pour lesquels le pénitencier était utilisé consistaient en des larcins, alors que l'autre crime le plus fréquent était le vol de cheval. Ils signalent ainsi les moyens excessifs utilisés par l'État dans le but de protéger de ces peccadilles une société qui n'est pas vraiment menacée par si peu.

L'inspecteur Nelson note, de plus, la conduite exemplaire des détenus alors que, par l'effet de la discipline très sévère, les châtiments sont fréquents. Les inconduites consistent en abus de langage, distractions, conversations, rires, etc., et sont punissables de plusieurs repas au pain et à l'eau, la privation de lit et le cachot. Le fouet est en usage dans les cas extrêmes et on n'outrepasse jamais 12 coups.

La réforme du coupable n'est pas réalisée au pénitencier, selon l'inspecteur. Encore en 1865, alors que Kingston avait en moyenne 700 détenus, 42 avaient été punis par le fouet, 6 mis à la chaîne, 399 au cachot, 39 en isolement, 45 privés de leur lit, 1 395 réduits au pain et à l'eau (Boyer, 1966, p. 477).

D'AUTRES PÉNITENCIERS ET DES PROBLÈMES SIMILAIRES

L'acte de l'Amérique du Nord britannique renforce la division juridictionnelle en matière pénale, déjà énoncée dans la «règle de deux ans». Dès lors, il est clairement établi que le gouvernement fédéral est chargé de l'incarcération de tous les détenus purgeant des peines d'emprisonnement de deux ans et plus. Cette compétence permet au gouvernement fédéral de prendre en charge l'administration des pénitenciers de Kingston, Saint-Jean et Halifax. Par la suite, le gouvernement fédéral amorce un mouvement de construction de pénitenciers dans toutes les régions du pays, selon le modèle du pénitencier de Kingston (bloc cellulaire auburnien et dôme pennsylvanien): le pénitencier de Saint- Vincent-de-Paul, desservant la province de Québec, sauf les îles de la Madeleine, 1873; le pénitencier de Stoney-Mountain, desservant la province du Manitoba et les Territoires du Nord-Ouest du Canada, 1876; le pénitencier de la Colombie-Britannique, desservant la province de ce nom, 1878; le pénitencier de Dorchester, desservant les provinces de la Nouvelle-Écosse, du Nouveau-Brunswick et de l'Île-du-Prince-Édouard ainsi que les îles de la Madeleine, 1880; le pénitencier d'Alberta, 1906 (fermé en 1920) et celui de la Saskatchewan, en 1911.

Lors de l'inauguration du pénitencier de Dorchester, le pénitencier de Saint-Jean et celui de Halifax tombent sous les compétences des autorités provinciales concernées.

Le pénitencier Saint-Vincent-de-Paul n'a vu le jour qu'en 1873, mais il en fut question de façon bien spécifique dès 1836. Une conjoncture politique difficile, entre autres, en a retardé la construction (les troubles de 1837-1838 et leurs suites).

En somme, le pénitencier est, à ses débuts, un milieu d'une cruauté exceptionnelle : non pas une cruauté passive, comme dans les prisons où les détenus souffraient à cause des conditions de vie, mais bien une cruauté active où la torture est chose courante et où elle est institutionnalisée. Le scandale qu'il provoque n'est pas suffisant pour empêcher la diffusion de cette nouvelle pratique.

Il ne s'agira, avec tout cet équipement, que de perfectionner le système pour garder, catégoriser, réformer les «vrais criminels», catégorie dont sont écartés, en principe, les fous, les jeunes, les moins endurcis et les femmes en grande partie[2]. Mais, il devient évident que ce qu'un pénitencier ne pouvait faire, plusieurs pénitenciers ne le peuvent davantage. Bien plus, le désordre de l'un peut bien se transmettre à l'autre et prendre encore une nouvelle figure, multipliant ainsi le problème de la «réforme». Les pénitenciers deviennent de cette façon, comme les prisons d'ailleurs, des objets de réforme continue alors que, du même coup, ils n'apparaissent pas réformables. En effet, les enquêtes qui se suivent à partir de la fin du XIXᵉ siècle reprochent aux pénitenciers cela même que les premières enquêtes reprochaient.

Les vices des prisons ont pénétré tout entiers dans les pénitenciers et ce, pour y rester. Ces pénitenciers, cinquante ans après un premier essai, n'ont pu se corriger de leurs fautes originelles, dénoncées entre autres par Brown et les premiers inspecteurs.

Le pénitencier Saint-Vincent-de-Paul donne lieu à une enquête en 1898. Les commissaires y dévoilent le système de trafic entre les gardiens et les prisonniers, voire l'utilisation des prisonniers par les gardiens pour «voler» fournitures et nourriture à leurs propres fins... Des centaines de lettres cachetées, adressées aux prisonniers, demeuraient toujours, depuis des années, dans le bureau du geôlier. D'autres, ouvertes (par centaines encore) et brûlées par les prisonniers après qu'ils en eurent retiré l'argent, ne se rendirent jamais à leurs destinataires. Quasiment toutes les règles concernant la prévention de la malhonnêteté des employés ont été violées, conduisant à une quantité incroyable de pratiques fautives. La commission note enfin que 63 détenus (au 21 août) ont 21 ans et moins. Il faut, à cet effet, prendre des mesures, comme il a été dit si souvent. De même faut-il s'occuper du travail des prisonniers. Les commissaires terminent leur rapport en suggérant d'autres règles

---

2. Pour plus de détails sur cette question, voir dans *Prison et ordre social au Québec* la partie sur «Les femmes et les filles à préserver et à protéger».

et en indiquant qu'il faudrait congédier un nombre considérable de personnes, du geôlier jusqu'aux gardiens.

La commission Macdonnell (1914) ne se contente pas de relever les irrégularités et infractions de toutes sortes dans les pénitenciers; elle insiste en quelque sorte sur la volonté de faire des réformes.

La journée d'un forçat l'incite, dès le départ, à vouloir modifier son traitement:

Une fois qu'on lui a désigné sa cellule, le forçat entre dans la vie routinière du pénitencier. Il se lève à six heures et demie du matin, fait sa toilette, fait son lit et à sept heures il sort pour son déjeuner. Ce déjeuner, il le reçoit dans une gamelle à mesure qu'il défile devant les guichets de service de la cuisine. De retour dans sa cellule, il mange son repas à l'aide d'une cuillère. L'usage de couteaux et de fourchettes est interdit. En passant pour se rendre au travail, il dépose son écuelle et sa cuillère à la cuisine. À midi, il prend son repas en se rendant à sa cellule; là, il déchire sa viande avec ses doigts, la mange, et rapporte l'écuelle à la cuisine lorsqu'il s'en retourne à son travail. Le soir, lorsqu'il quitte ses travaux, la même scène recommence. Il attrape son souper en se rendant à sa cellule où il reste jusqu'au lendemain matin. Le silence absolu doit régner pendant toute la journée. Il ne peut adresser la parole à un officier ou à un compagnon de bagne pendant les heures de travail «sauf par nécessité ou par rapport aux travaux». Il ne doit pas parler ni détourner la tête pendant qu'il est en rang et naturellement dans sa cellule, il n'a personne avec qui il puisse converser. C'est ainsi que la vie pénitentiaire d'un détenu se partage entre la cellule et le travail de l'atelier ou le tas de pierres, sans même une courte trêve à la monotonie des choses aux heures des repas. Il n'a pas le droit de garder des images ou des photographies de ses parents dans sa cellule, on ne lui permet pas d'avoir ou de lire un journal, mais on lui fournit des livres de la bibliothèque pénitentiaire. Lorsqu'il ne sait pas lire, il doit passer quatorze heures tous les jours, seul dans sa cellule, à dormir ou à réfléchir. Le dimanche, il passe toute la journée — à l'exception d'une heure pour le service religieux — dans sa cellule et lorsqu'une fête tombe un lundi, il l'observe par un supplément de réclusion cellulaire de vingt-quatre heures.

Un forçat dont la conduite est satisfaisante peut recevoir une fois tous les trois mois la visite de membres de sa famille et il peut leur écrire une fois tous les deux mois. Il peut recevoir des lettres de ses parents ou de ses amis, mais ces lettres doivent être brèves et consacrées exclusivement à des questions de famille ou d'affaires. On ne lui remet rien de ce que peuvent contenir ses lettres, coupures de journaux, images, cartes, timbres, etc. Il n'est pas permis d'envoyer des cadeaux de Noël, des paniers ou des paquets de fruits, de la nourriture ou des pâtisseries au pénitencier. (Canada, *Rapport de la Commission royale sur les pénitenciers; Document parlementaire*, n° 252, 1914, pp. 8-9.)

Comment un tel régime peut-il conduire à de meilleures dispositions? se demandent les commissaires.

Il faut repenser l'école, les règlements, les punitions. Il faut remplacer les châtiments corporels par la réforme morale quoique «*si le châtiment du criminel est le seul but que poursuit la société, les pénitenciers du Canada remplissent toutes les conditions voulues*» (Canada, *Rapport de la Commission royale sur les pénitenciers*, 1914, p. 29; c'est nous qui soulignons).

Encore faut-il effectuer un bon classement car les détenus «comprennent toutes sortes de délinquants: le condamné pour première offense et le récidiviste, le criminel d'occasion et le criminel endurci; le garçonnet et le vieillard; l'athlète et l'invalide; le fin matois et l'imbécile» (Canada, *Rapport de la Commission royale sur les pénitenciers*, 1914, p. 32).

Enfin, selon les commissaires, le travail et la discipline pourraient aller de pair.

Biggar (président du comité nommé relativement à la révision des règlements pour les pénitenciers) remettra son rapport sept ans après celui de Macdonnell, soit en 1921.

La commission Biggar souligne qu'à part quelques amendements, la situation générale des pénitenciers est demeurée essentiellement la même depuis ses origines. Par exemple, la loi du silence est toujours de rigueur. Les prisonniers doivent travailler au moins dix heures par jour. Il n'y a pas de directives pour réglementer les modes de punition, que la commission juge cruelle. Le détenu n'a d'autre droit que celui d'être nourri et vêtu.

On note toutefois qu'aucune institution pénitentiaire n'applique vraiment les règlements. Des divergences très grandes se font remarquer d'une institution à l'autre dépendant des gardiens et de l'administration de chaque pénitencier. Par exemple, la loi du silence, qui est jugée incorrecte, n'est pas toujours appliquée. De plus, les détenus ne travaillent jamais plus de huit heures par jour en été et six, en hiver.

Pour Biggar et les membres de son comité:

À part la nourriture et les vêtements, le détenu est sans droits et la conduite prescrite est très automatisée; les sentiments sont interdits, ou du moins il lui est interdit de faire preuve d'émotions humaines. (Canada, Comité nommé..., 1921, p. 9; c'est nous qui traduisons.)

Le caractère vindicatif de la punition persiste et le système pénitentiaire possède toujours ses caractéristiques originales (...) (Canada, Comité nommé..., 1921, p. 11; c'est nous qui traduisons.)

La répression et la contrainte doivent faire place au développement et à la cure du prisonnier, selon ce comité qui s'applique à reformuler les règlements. Tout y passe, des devoirs du geôlier jusqu'à la classification, le travail, l'école et, bien sûr, la discipline. Une tendance commence à percer à travers les recommandations du comité, à savoir un traitement scientifique mais toujours fidèle aux maximes habituelles du carcéral.

CONCLUSION

Le pénitencier ne se distingue pas vraiment de la prison, sauf qu'on y reste un peu plus longtemps. La clientèle dans ses longs débuts est la même: des condamnés pour première offense, des infracteurs d'occasion, des femmes «en voie de se perdre», des jeunes garçons, des fous, des vieillards, des récidivistes. C'est le même individu (im)moral qui se retrouve dans les deux types de milieux carcéraux. Il n'est pas seulement semblable, il est identique en ce sens qu'il est plus ou moins apte au travail, qu'il est sans feu ni lieu et qu'il apparaît comme un fauteur de désordre.

Il est étonnant, à première vue, que l'on ait bâti deux types de structures pour appliquer le même traitement, sur le même individu, tout en affirmant que le pénitencier était le remède à la prison. Une recherche sans relâche de moralisation semble, entre autres, avoir permis cette doublure de la prison, alors même que cette moralisation semble s'imposer comme principe de gestion généralisé. Ainsi, pour que le pénitencier, en dépit de sa cruauté, fasse une telle percée à travers le Canada, comme dans tout l'Occident d'ailleurs, il ne doit sûrement pas constituer uniquement un moyen que l'État emprunte à l'Église. C'est par-dessus tout la plus-value de pouvoir que procure ce moyen, alors que la prison apparaît simplement comme une formule d'approche institutionnelle plus vaste. Elle sous-tend des fictions juridiques du même ordre, elle impose la même recherche de catégorisation, elle est à la poursuite d'un traitement qui lui échappe sans cesse. C'est ce dernier, d'ailleurs, qui réchappera non pas le criminel mais le pénitencier, semble-t-il. C'est son principe et les dispositifs qui s'ensuivent qui souvent se révèlent sauvegarder, non plus seulement le pénitencier (et la prison), mais la gouvernementalité qui s'installe, au tournant du siècle.

En effet, la prison, déjà inscrite parmi nombre d'institutions de moralisation disciplinaire, dès les années 1830 et 1840, obtient un succès extraordinaire compte tenu de ce qu'elle offre aux usagers, à leurs proches ainsi qu'au personnel. Elle apparaît au moment où la logique capitaliste cherche à engendrer ses propres normes, dans lesquelles les classes s'insèrent. Appareils à éduquer, à travailler, à contrôler, à réprimer semblent tous répondre d'un droit positif. Ce droit dit neutre, dit scientifique s'enclenche plutôt dans un processus politique parce qu'il tend à la centralisation, intègre les différences dans l'unité du pouvoir étatique. Autrement dit, l'institution de la norme et les appareils pour la faire respecter sont posés en termes de lutte pour l'égalité alors qu'ils ont pour maître le promoteur même des différences entre les classes.

Cette insistance sur l'ordre en général et sur des ordres en particulier prend toute sa mesure dans la redéfinition des illégalismes, travail amorcé au début de XIXe siècle et se poursuivant inexorablement, tout au cours du siècle. Cette redéfinition donne, entre autres, au «criminel» sa nature truquée alors que prend toute sa visibilité, à la fin du XIXe siècle, l'arsenal de «pratiques juridiques qui construisent et rationalisent la gestion différentielle des illégalismes. C'est en tant que fiction que le droit et les institutions pénales constituent des instruments étatiques. Pluralismes des qualifications et pluralismes des formes procédurales peuvent ainsi être envisagés comme techniques de gouvernement, instruments de pouvoir tangibles dont l'analyse permet de rompre avec les approches essentialistes de l'État» (Lascoumes, 1986, p. 89).

C'est dans cet exercice de séparation des illégalismes que se fonde encore la domination d'une classe par rapport à une autre. Les illégalismes contre les biens forment une catégorie pénale «nette» et une répression est assurée par les tribunaux ordinaires et par les châtiments. Les illégalismes de droit forment une catégorie «pluriforme et non exclusivement pénale et une gestion plus ou moins différenciée assurée par des juridictions spéciales avec transactions, accommodements, amendes atténuées» (Lascoumes, 1986, p. 13). La domination peut s'imposer de par la catégorisation de l'illégalisme, sa qualification et la forme de règlement imposé. Elle peut mettre ainsi en évidence l'illégalisme des classes populaires et occulter, du même coup, celui des classes dominantes, entraînant une façon particulière de voir et de penser.

Cette pensée, associée à l'apparition du «discours fondamental de la criminologie» (Tulkens, 1986, p. 39) autour de la personnalité criminelle et de la dangerosité, permet l'entrée de la «défense sociale» (et la sortie du droit pénal classique), à la fin du XIXe siècle, en Europe occidentale. À ce moment, surgissent des menaces liées à l'«apogée du libéralisme et de l'industrialisation, à la crise économique, aux affrontements politiques et aux conflits sociaux... Politique familiale (mariage, logement), politique morale (alcoolisme, vagabondage), politique sociale (syndicats, corporations, mutuelles, assurances), politique pénale (avec comme cible notamment les ouvriers grévistes et les anarchistes) constituent ensemble des tentatives de réponses aux menaces...» (Tulkens, 1986, p. 39). Tout le corps social est touché et l'ennemi est présent partout, ce qui pèse lourd dans la demande répétée, sociale et politique, de protection et de répression. C'est tout ce processus qu'on pourrait encore appeler «défense sociale»: une espèce de projet de société pour s'assurer contre tout danger. Le Québec fera sien ce projet.

Ainsi, une notion de risque naît, notion qui permet de «concevoir un droit de l'État» sans pour autant y associer l'idée de faute et de responsabilité. Cette permission que se donne l'État lui accorde, du même coup, toute la flexibilité pour contrer le mal avant même qu'il n'arrive. Il lui permet de protéger et de défendre la société contre les dangers qui l'assaillent ou qui pourraient l'assaillir. Assurer la société contre les risques, voilà le nouveau projet social qui permet à l'État de se ressaisir à travers cette «gouvernementalité» moderne. En ce qui concerne le «criminel», risque parmi tant d'autres à l'intérieur du corps social à gouverner, on peut dorénavant le rendre pénalement responsable d'un acte sans juger de sa liberté à le commettre, mais en le liant au risque de criminalité qui s'insère dans sa personnalité (criminelle). C'est ce risque qu'il faudra faire disparaître en réchappant sa personnalité.

La responsabilité pénale, qui retrace la culpabilité dans la subjectivité de «criminel», ouvre la porte au traitement scientifique du criminel, fait place à la psychiatrie, à la criminologie, à la psychologie et au service social. Cette transformation du criminel en objet à risque, ce potentiel de traitement, cette opportunité pour la science qu'il garantit prennent forme dans les années 1940 au Québec. Les profils qu'on trace des individus dangereux, les mesures des risques en cause, de même que les explications et les pratiques qui en découlent apparaissent encore fréquemment comme l'exécution de ce projet de défense sociale. Ils soulèvent ainsi les mêmes interrogations que le projet lui-même.

RÉFÉRENCES

BEATTIE, J. M. (1977), *Attitudes Towards Crime and Punishment in Upper Canada, 1830-1850: A Documentary Study*, Toronto, University of Toronto, Centre of Criminology.

BOYER, R. (1966), *Les Crimes et les châtiments au Canada français de XVIIᵉ au XXᵉ siècle*, Ottawa, Le Cercle du livre de France.

CANADA (1898), *Rapport de la Commission royale d'enquête sur le pénitencier Saint-Vincent-de-Paul*, Ottawa, Documents de la session, n° 18.

CANADA (1914), *Rapport de la Commission royale d'enquête sur les pénitenciers*, Ottawa, Imprimeur du Roi, Document parlementaire, n° 252.

CANADA (1921), Ministère de la Justice, *Comité nommé relativement à la révision des règlements pour les pénitenciers et des modifications à apporter à la loi régissant les pénitenciers*, Ottawa, Imprimeur du Roi.

CIALE, J. (1983), *The Development of Canada's Prisons and Penitentiaries*, Ottawa, Université d'Ottawa, Département de criminologie.

FECTEAU, J.-M. (1980), *Vers une étude de la crise des appareils de répression au Bas-Canada : La Prison de Québec, 1814-1834*, Québec (inédit).

FOUCAULT, M. (1975), *Surveiller et punir. Naissance de la prison*, Paris, Gallimard.

FOUCAULT, M. (1980), «La poussière et le nuage», dans M. Perrot (éd.), *L'Impossible Prison*, Paris, Seuil, pp. 29-39.

GAUDEMAR, J.-P. (1982), *L'Ordre et la production*, Paris, Dunod.

GOSSELIN, L. (1977), *Les Pénitenciers : un système à abattre*, Montréal, Éditions coopératives Albert Saint-Martin.

IGNATIEFF, M. (1981), «State, Civil Society and Total Institution: A Critique of Recent Social Histories of Punishment», dans *Crime and Justice : An Annual Review of Research*, vol. III, pp. 153-192.

LAPLANTE, J. (1989), *Prison et ordre social au Québec*, Ottawa, Presses de l'Université d'Ottawa.

LASCOUMES, P. (1986), «Le grondement de la bataille» *Actes*, vol. 54, pp. 84-89.

LEFEBVRE, F. (1954), «La vie à la prison de Montréal aux xixe siècle», dans *Revue d'histoire de l'Amérique française*, vol. VII, n° 4, pp. 524-537.

PERROT, M. (1984), «Introduction aux œuvres de Tocqueville», dans A. Tocqueville, *Écrits sur le système pénitentiaire en France et à l'étranger*, Paris, Gallimard.

TULKENS, F. (1986), «Droit pénal, criminologie et sciences pénitentiaires à la fin du xixe siècle» *Actes*, vol. 64, pp. 38-41.

LE DROIT DE VOTE DES DÉTENU-E-S

Jean Claude Bernheim* et Renée Millette**

The demand for the right of prisoners to vote has a history that shows how there has never been a right, a freedom, that was recognized without a social, political and legal fight. Rights and freedoms that are not won and whose exercice is not assured remain but words, perhaps merely dreams.

INTRODUCTION

Le droit de vote est certainement le droit politique le plus fondamental pour tout individu dans une société libre et démocratique. Il est la pierre angulaire de l'expression et du respect de tous ses droits. C'est pourquoi pour l'Office des droits des détenu-e-s (ODD), la reconnaissance et le respect du droit de vote des détenu-e-s représentent, depuis le début de son action, un objectif majeur, cette reconnaissance équivalant également à la reconnaissance pour le détenu du statut de citoyen à part entière.

L'interdiction du droit de voter imposée aux détenu-e-s est un reliquat de la mort civile qui a prévalu jusqu'en 1906 et de la dégradation civique qui lui a été substituée jusqu'en 1971. Encore aujourd'hui, certains estiment qu'un contrevenant a décidé, par son geste, de se soustraire à la *Charte canadienne des droits et libertés*; d'autres pensent que le seul fait d'être en prison devrait priver le condamné de ses droits civils. Que les personnes condamnées n'aient plus aucun droit ni aucune liberté semble être acceptable aux yeux de plusieurs. En effet, pour certains, cette négation de droits est un moyen d'assurer la sécurité du public en maintenant des personnes enfermées; pour d'autres, la prison est un moyen de vengeance.

Plus de dix années de lutte auront été nécessaires pour obtenir un premier jugement confirmant indubitablement notre objectif. L'histoire de cette revendication illustre combien la lutte pour la reconnaissance et le respect des droits et libertés nécessite persévérance et acharnement. Elle illustre aussi le fait qu'il est possible d'avoir gain de cause même quand les victimes du non-respect d'un droit sont des personnes incarcérées, c'est-à-dire des personnes peu sympathiques à l'opinion publique. Elle démontre également que les détenteurs

---

* Coordonnateur, Office des droits des détenu-e-s, 2120, rue Sherbrooke Est, bureau 215, Montréal (Québec) H2K 1C3

** Avocate, Office des droits des détenu-e-s, 2120, rue Sherbrooke Est, bureau 215, Montréal (Québec) H2K 1C3

du pouvoir politique s'opposent avec acharnement à la reconnaissance d'un droit et interfèrent, quand cela leur est possible, dans l'exercice de ce droit en dépit de fait qu'il a été reconnu par un tribunal compétent.

I. LA RECONNAISSANCE DU DROIT DE VOTE DES DÉTENU-E-S AU QUÉBEC

De 1973 à l'introduction, en 1979, des dispositions prévoyant le droit de vote des détenu-e-s dans la loi électorale du Québec

Au Québec, les premières démarches en vue de faire reconnaître le droit et l'exercice du droit de vote des personnes incarcérées, les prévenus tout comme les condamnés, furent entreprises par l'Office des droits des détenu-e-s. Dès 1973, l'ODD écrivait au président-directeur général des élections du Québec afin de lui demander de faire respecter le droit de vote des personnes détenues en attente de procès, lesquelles, selon nos règles de droit, jouissent de la présomption d'innocence et conservent tous leurs droits, et d'établir un mécanisme qui leur permette d'exercer leur droit de vote dans les établissements de détention. Dans un second temps, l'ODD demandait que soient reconnus le droit de vote et son exercice à toutes les personnes détenues à la suite d'une condamnation judiciaire et recommandait d'amender la loi électorale provinciale en ce sens.

Ainsi débutait une kyrielle de démarches et de pressions de la part de l'ODD et d'autres organismes, comme la Commission des droits de la personne du Québec, afin de faire reconnaître le droit de vote et l'exercice de ce droit pour toute personne incarcérée.

Tout au long de ses démarches, l'ODD s'adressa aux deux niveaux de gouvernement et à la population en général, par voie de lettres, de rapports, de représentations auprès de comités ou devant des commissions parlementaires, de conférences de presse, etc., et collabora étroitement à certains recours judiciaires.

À cette époque, la situation juridique des personnes prévenues, c'est-à-dire en attente de procès, eu égard au droit de vote, était la suivante : aucune loi, fédérale ou provinciale, ne leur retirait expressément ou implicitement le droit de vote. Par contre, aucune loi ne prévoyait de mécanisme permettant l'exercice de leur droit de vote. En ce qui concerne les personnes détenues sous le coup d'une condamnation judiciaire, la *Loi électorale du Canada*[1] prévoyait, et prévoit toujours, que :

---

1. L. R. O. 1985, c. E-2.

14(4)   Les individus suivants sont inhabiles à voter à une élection et ne doivent voter à une élection:

e)   toute personne détenue dans un établissement pénitentiaire (prisons provinciales ou pénitenciers fédéraux) et y purgeant une peine pour avoir commis quelque infraction.

C'est dans l'*Acte du cens électoral de 1898*[2] qu'est apparue l'interdiction ou l'inhabilité à voter lors d'une élection. Il est évident que le retrait du droit de vote aux prisonniers visait à punir, ce qui est conforme aux objectifs et à la philosophie même de l'incarcération à l'époque.

L'article 6, paragraphe 4, se libellait comme suit:

4.   (...) tout individu qui, lors d'une élection, sera incarcéré comme prisonnier dans une geôle ou prison pour y subir la punition de quelque acte criminel, ou qui sera interné dans un asile d'aliénés, ou qui sera entretenu totalement ou partiellement comme pensionnaire nourri et logé dans une maison des pauvres ou un hospice supporté par la municipalité, ou dans une institution de charité recevant l'aide du gouvernement de la province, sera privé du droit de vote et inhabile à voter à aucune élection.

Au Québec, la première négation du droit de vote pour les personnes détenues est inscrite en 1938, dans la *Loi électorale du Québec*[3], à l'article 13, dans les mêmes termes que ceux que l'on retrouvait toujours en 1973.

48(i)(d)   Ne peuvent être inscrites sur la liste électorale ni voter: les personnes qu'un tribunal compétent a reconnues coupables d'une infraction ou d'un acte criminel punissable de deux ans d'emprisonnement ou plus et qui n'ont pas entièrement purgé la peine prononcée contre elles[4].

Ainsi, les prévenus et les personnes condamnées pour des délits punissables de moins de deux ans d'emprisonnement conservaient toujours leur droit de vote.

Lorsque l'ODD s'adressait au président-directeur général des élections du Québec ou du Canada, au Comité fédéral des privilèges et des élections, aux divers ministres et députés impliqués dans le débat, tant au pouvoir que dans l'opposition, aux premiers ministres respectifs, il leur rappelait, entre autres:

---

2. 61 V chap. 14, art. 6, par. 4.
3. S.R.Q. 1964, c. 7, modifiée S.Q. 1965, c. 12 et 13; S.Q. 1966, c. 5; S.Q. 1966-1967, c. 16; S.Q. 1968, c. 11; L.Q. 1969, c. 13 et 19; L.Q. 1971, c. 9; L.Q. 1972, p. 6.
4. 1, Ed. VIII (2ᵉ session) chap. 8, *Loi concernant l'élection des députés à l'Assemblée législative.*

— que la mort civile[5] avait été abolie en 1906[6];

— que la dégradation civique[7], qui avait remplacé la mort civile, avait été abolie en 1971[8] et que le Code civil avait été amendé en conséquence;

— que depuis plusieurs années, le but et la philosophie des systèmes d'incarcération canadiens n'étaient plus la punition, mais au contraire qu'ils avaient pour objectifs la réhabilitation et la réinsertion sociale des individus qui devraient retourner un jour dans la société, et que retirer le droit de vote à cette catégorie de citoyens était incompatible avec cette idéologie.

Le 19 juillet 1976, dans une lettre qu'adressait l'ODD au directeur général des élections du Canada, M. Jean-Marc Hamel, l'office rappelait à ce dernier, entre autres, le fait que les 160 prisonniers du Centre régional correctionnel de Lower Mainland (Oakalla) à Burnaby, près de Vancouver en Colombie-Britannique, avaient pu voter dans leur institution lors de l'élection provinciale de décembre 1975. La plupart étaient des prévenus, les autres ne purgeaient que de très courtes sentences pour des délits mineurs. L'ODD s'exprimait ainsi :

> À moins d'une semaine d'avis, le Procureur Général a organisé la votation avec la collaboration du personnel du service Pre-trial Services and Justice Council et des responsables d'élections. Il y a bien eu des réticences de la part de quelques fonctionnaires, mais cela n'a pas empêché les prisonniers d'Oakalla d'exercer leur droit de vote tel que le veut la loi. Nous croyons qu'il est grandement temps que de telles initiatives se prennent concernant les détenus du Québec.

Le 26 juillet 1976, l'ODD recevait une réponse de M. Hamel énonçant sa position en la matière :

> Le Comité (parlementaire) toutefois, n'a pas jugé opportun d'appuyer le principe du projet de loi de M. MacDonald et n'a donc pas recommandé à la Chambre des Communes que les dispositions actuelles de la Loi électorale soient modifiées.

Quant aux prévenus, M. Hamel considérait que le problème résidait dans la façon de voter. La loi prévoyait que le vote devait se faire dans la circonscription électorale de son domicile au moment de l'incarcération et que, par

---

5. Sur cette question, voir G. E. Kaiser (1971), «The Inmate as Citizen Improvement and the Loss of Civil Rights in Canada», *Queen's Law Journal*, vol. 1, p. 208.

6. *Loi abolissant la mort civile*. 6 Ed. VII, chap. 38, art. 1.

7. *Id.* 6, art. 4 «La dégradation civique consiste: Dans la privation du droit de vote et d'éligibilité et en général de tous les droits civiques et politiques sous le même contrôle législatif.»

8. *Loi modifiant de nouveau le Code civil et modifiant la Loi abolissant la mort civile*. L.Q. 1971, chap. 82.

conséquent, la situation du prévenu ne lui permettait pas de s'y rendre pour voter. La loi électorale canadienne ne prévoyait pas de mécanisme pour que les absents puissent voter, à l'exception des membres des Forces armées et des membres de la fonction publique à l'étranger. M. Hamel ne jugeait pas opportun non plus d'étendre aux prévenus les dispositions de la loi touchant les électeurs dans les hôpitaux pour malades chroniques ou les foyers pour personnes âgées, ce qui aurait signifié qu'il considérait les institutions de détention comme des lieux de résidence. Il ne voyait que les dispositions du vote par procuration comme pouvant être modifiées afin de s'appliquer aux prévenus, mais il considérait qu'il ne pouvait faire de recommandation en ce sens puisqu'il ne s'agissait ni d'un problème d'ordre technique, ni d'un problème d'ordre administratif.

Au niveau provincial, en novembre 1977, lors de la Commission permanente de la présidence du Conseil de la constitution et des affaires intergouvernementales concernant le projet de *Loi sur la consultation populaire*, l'ODD, ainsi que d'autres groupes, fit des représentations visant précisément à faire reconnaître le droit de vote à toute personne incarcérée, tant dans les établissements de détention fédéraux que provinciaux.

L'ODD, pour sa part, concluait que les personnes incarcérées, malgré l'interdiction de circuler qui les frappe, n'en demeurent pas moins des citoyens à part entière, et faisait les recommandations suivantes[9]:

1) Que toute personne incarcérée au Québec ne soit pas privée de son droit de vote du seul fait de son incarcération;

2) Que ce droit puisse être exercé:

   a) en considérant comme domicile de la personne l'endroit où elle habitait avant son incarcération;

   b) en considérant comme domicile de la personne la maison de détention où elle est gardée; le choix d'une des deux alternatives devant être fait par le citoyen incarcéré lui-même;

3) Que dans tout établissement de détention (provincial ou fédéral) se tiennent des bureaux de votation avancés, que les bulletins soient redistribués dans les comtés respectifs;

4) Que les gouvernements apportent des changements à la loi électorale et à toutes les lois provinciales (exemples: loi des cités et villes, code municipal, chartes spéciales, etc.) traitant de la tenue du scrutin en

---

9. Mémoire de l'ODD présenté le 17 novembre 1977. L'intervention de l'ODD se trouve dans Québec, Assemblée nationale, Commission permanente de la présidence du Conseil, de la Constitution et des Affaires intergouvernementales, 31ᵉ législature, 2ᵉ session, *Étude du livre blanc sur la consultation populaire au Québec*.

vue de rendre celles-ci conformes à la loi de la consultation populaire
en ce qui concerne le droit de vote des personnes incarcérées;

5) Que la loi de la consultation populaire ne discrimine pas les individus
en raison de leur casier judiciaire (i.e. que la possession d'un casier
judiciaire ne soit pas un motif pour interdire à une personne l'accès
au poste d'officier d'élection);

6) Qu'il y ait des amendements aux lois actuelles (loi électorale, loi des
cités et villes, etc.) afin d'éliminer la discrimination fondée sur le
casier judiciaire.

À la suite de l'étude en commission parlementaire du projet de *Loi sur
la consultation populaire*, le gouvernement québécois proposa le projet de loi
92. L'ODD revint à la charge en faisant remarquer au ministre responsable
que des lacunes subsistaient toujours dans le projet, soit celle qui concernait
les détenus déclarés coupables pour des infractions punissables de deux ans
et plus, qui n'avaient toujours pas le droit de voter à une élection provinciale[10],
et celle relative à la persistance dans le projet de loi de restrictions concernant
les officiers d'élections. Le 15 mai 1978, le ministre Burns informa l'ODD
de la création d'un comité ministériel composé de députés et de membres de
son cabinet afin de faire une révision complète de la loi électorale et d'y apporter les amendements nécessaires. En effet, comme l'adoption de la *Loi sur
la consultation populaire* avait rendu nécessaire une réforme de la loi électorale
québécoise et de ses lois connexes, le comité Dussault avait été formé à cette
fin. Il étudia, entre autres, la question du droit de vote des personnes incarcérées, tant les prévenus que les individus sous le coup de sentences dans les
établissements fédéraux ou provinciaux.

Le principe moteur qui guida le comité Dussault tout au long de son étude
sur la question du droit de vote en général fut de faire de la *primauté absolue
de l'électeur* le principe premier du projet de loi 9, ou *Loi électorale*. D'ailleurs,
le parrain de ce projet de loi, le ministre de la Justice de l'époque, Me Marc-
André Bédard, déclarait, concernant le droit de vote et le droit de candidature
en général, qu'ils «constituent l'assise première des mécanismes de représentation politique et c'est par eux que peut se mesurer le chemin parcouru sur
le plan de l'accession à une société *authentiquement démocratique*[11]».

Le comité Dussault déposa son rapport en juin 1978. Dans ses conclusions
concernant le droit de vote des personnes détenues, il étendait à tous les pri-

---

10. Dans sa définition de l'électeur, la *Loi sur la consultation populaire*, L.Q. (1978)
c. 6, référait à la *Loi électorale*, S.R.Q. 1964 c. 7 telle qu'amendée, où l'article 48 (d) prévoyait spécifiquement que les détenus déclarés coupables d'infractions punissables de deux
ans et plus ne pouvaient voter.

11. *Journal des débats*, Assemblée nationale, Session 1979, vol. 21, n° 59, p. 3237.

sonniers et prisonnières le droit de vote. M. Dussault déclara à l'Assemblée nationale, lors du dépôt en deuxième lecture du projet de loi : «Cette réforme traduit une volonté réelle et pleinement réfléchie de favoriser encore davantage les possibilités de réhabilitation de ces citoyens[12].»

À sa suite, des députés de l'opposition comme M. Harry Blank affirmèrent que personne ne pouvait être contre[13], d'autres, comme M. Jean-Noël Lavoie, dirent que le droit de vote devrait être libéralisé le plus possible de manière qu'il y ait le moins de contraintes possibles. Il fallait que le fardeau de la preuve ne repose pas sur l'électeur, qu'il y ait une preuve *prima facie*, un droit à l'exercice du droit de vote[14].

Finalement, le 13 décembre 1979, la *Loi électorale du Québec*[15] fut sanctionnée; elle prévoyait des dispositions particulières concernant le droit de vote des personnes détenues et son exercice.

La loi provinciale établissait, sans ambiguïté, le droit de vote lors de toute élection provinciale de toute personne détenue dans des établissements de détention établis par une loi du Parlement du Canada ou par la Législature, ainsi qu'un mécanisme précis pour exercer ce droit et une possibilité pour le directeur général des élections du Québec de conclure toute entente qu'il jugerait utile avec des directeurs des établissements de détention, tant fédéraux que provinciaux, afin de permettre et de faciliter l'exercice du droit de vote des personnes incarcérées[16].

Le Québec établissait donc un précédent législatif pour tout le Canada. Au cours des élections provinciales québécoises de 1981, 1985 et 1989, les détenus sous juridiction provinciale, incarcérés dans une prison provinciale, purent exercer leur droit de vote sans aucun problème.

Référendum québécois du 20 mai 1980

À la suite de l'adoption de la *Loi sur la consultation populaire* et de la réforme de la *Loi électorale du Québec*, tous les détenus du Québec, tant des pénitenciers fédéraux que des prisons provinciales, ont pu, pour la première fois, exercer leur droit de vote au cours du référendum du 20 mai 1980.

D'ailleurs, le Solliciteur général du Canada de l'époque, M. Robert Kaplan, déclarait, le 15 juillet 1980, devant le comité Justice et questions juridiques de la Chambre des communes : «Cette expérience (le référendum) nous

---

12. *Ibid.*, p. 3239.
13. Commission parlementaire, Sess. 1979, vol. 21, n° 202, p. B-100.23.
14. Voir *supra*, note 11, p. 245.
15. L.Q. (1979) c. 56.
16. *Ibid.*, art. 64.

a donc appris qu'il est possible de permettre aux détenus de participer à une élection[17].»

À la suite de cet événement qui s'est déroulé dans l'ordre et sans incident, les détenus étaient en droit de croire que leur droit de vote était officiellement établi et reconnu.

Élections générales provinciales québécoises du 13 avril 1981

Bien que la *Loi électorale du Québec* ait été amendée et que tous les détenus aient pu s'exprimer lors du référendum de 1980, les détenus des pénitenciers fédéraux se sont vu refuser l'exercice de leur droit de vote lors des élections provinciales qui avaient été prévues pour le 13 avril 1981.

En effet, quoique le Solliciteur général du Canada eût déclaré en juillet 1980: «J'ajoute en conclusion que les Nations unies ont promulgué un traité dont le Canada est signataire, qui prévoit l'attribution du droit de vote. Nous n'avons donc pas respecté cette obligation internationale[18]», celui-ci refusa de signer le protocole d'entente qui aurait permis aux détenus sous juridiction fédérale d'exercer leur droit de vote. En conséquence, l'ODD prenait l'initiative d'une «requête pour l'émission d'une injonction provisoire et interlocutoire[19]» qui aurait permis aux détenus des pénitenciers fédéraux du Québec, si elle avait été accordée, d'exercer leur droit de vote. Mais le juge Marceau, dans son jugement du 30 mars 1981, tout en admettant que «ce n'est pas la reconnaissance du droit de vote lui-même qui est en cause», estimait qu'en l'espèce, il n'était pas déraisonnable de priver les détenus des pénitenciers de l'exercice de leur droit de vote du fait de leur incarcération[20].

La situation dominante en droit canadien avant l'avènement de la *Charte canadienne des droits et libertés* était la suivante: même si les tribunaux avaient graduellement reconnu l'existence d'un droit à un ou plusieurs individus, s'ils étaient convaincus que la Couronne ou ses représentants leur retiraient ce droit en vertu d'une loi du Parlement dans le cadre de l'exercice de leurs fonctions, alors la Cour ne pouvait garantir l'exercice ou la protection de ce droit.

---

17. Canada, Chambre des communes, Comité permanent de la justice et des affaires juridiques, 32e législature, 1re session, procès-verbaux et témoignages, fasc. 5, p. 61, 15 juillet 1980.
18. *Ibid.*
19. *Lévesque* et al. c. *Kaplan*, (1985) 1 O.F. 496.
20. *Ibid.*

Communication au Comité des droits de l'homme R. 25/113

Tout recours en appel étant illusoire, compte tenu des délais et de la tenue des élections le 13 avril, il fut décidé d'adresser une communication au Comité des droits de l'homme des Nations unies, organe constitué par la quatrième partie du *Pacte international relatif aux droits civils et politiques* et agissant en application du protocole facultatif se rapportant à ce *Pacte*. Cette communication fut déposée directement à Genève par les représentants de la Fédération internationale des droits de l'homme, le 10 décembre 1981.

Après avoir pris connaissance de la «Réponse du Canada à la question de la recevabilité de la communication[21]» et des «Commentaires de C. Forget *et al.* concernant la réponse du Canada[22]», le Comité des droits de l'homme notait dans sa décision sur la recevabilité, le 23 juillet 1983:

> De toute façon le gouvernement canadien n'a pu jusqu'à ce jour démontrer dans l'affaire à l'examen qu'une action en jugement déclaratoire aurait constitué un recours utile en ce qui concerne soit les élections du 13 avril 1981, soit des élections futures. Si l'on se réfère aux observations du gouvernement en date du 20 août 1982, il n'apparaît pas clairement que les autorités auraient jugé recevable une action dont l'objet était d'obtenir que soit déclaré illégal le refus des autorités pénitentiaires compétentes de permettre aux victimes présumées de participer aux élections du 13 avril 1981. D'autre part, compte tenu des observations reçues de l'auteur le 7 juin 1983, on peut sérieusement se demander si les autorités exécutives au Canada seraient tant soit peu tenues de donner suite à un jugement déclaratoire au cas où une situation analogue se reproduirait à l'avenir, et jusqu'à quel point elles le seraient.

Il concluait sa décision dans les termes suivants:

1. Que la communication est recevable;

2. Que, conformément au paragraphe 2 de l'article 4 du Protocole facultatif, l'État partie sera prié de lui soumettre par écrit, dans les six mois qui suivront la date de la transmission de la présente décision, des explications ou des déclarations éclaircissant la question et indiquant, le cas échéant, les mesures qu'il pourrait avoir prises pour remédier à la situation;

---

21. Réponse du Canada, daté du 20 août 1982, à la question de la recevabilité de la Communication n° R 25/113 présentée par Messieurs Claude Forget, Michel Leblanc et Jean-Louis Lévesque, p. 7.
22. Commentaires de Claude Forget *et al.* concernant la réponse du Canada à la question de recevabilité de la communication n° R. 25/113, 1982.

3. Que le Secrétaire général communiquera aux auteurs, conformément au paragraphe 3 de l'article 93 du règlement intérieur provisoire du Comité, toutes les explications ou déclarations reçues de l'État partie, en les priant de faire parvenir tous commentaires qu'ils pourraient souhaiter présenter à leur sujet au Comité des droits de l'homme, par l'entremise du Centre pour les droits de l'homme, Office des Nations Unies à Genève, dans les six semaines qui suivront la date de la transmission;

4. Que la présente décision sera communiquée à l'État partie et aux auteurs de la communication[23].

Se prévalant de son droit de révision en vertu de l'article 93(4) du Règlement intérieur provisoire, le Canada soutint notamment dans sa «Réponse[24]» que depuis le dépôt de la communication, en décembre 1981, la *Charte canadienne des droits et libertés*[25] avait été adoptée et que les auteurs de la communication n'avaient pas épuisé tous les recours internes disponibles et, par conséquent, qu'ils devaient avoir recours à une requête en jugement déclaratoire. Afin de donner plus de poids à son argumentation, le Canada donnait au Comité des droits de l'homme l'assurance «que si un jugement déclaratoire définitif disant que le Solliciteur général a agi illégalement en ne prenant pas les mesures nécessaires pour que les détenus des pénitenciers fédéraux puissent voter lors de l'élection générale québécoise du 13 avril 1981 venait à être prononcé, il prendrait les mesures en question à l'égard de toute élection générale qui aurait lieu à l'avenir au Québec[26]». Finalement, le 12 avril 1985, le Comité des droits de l'homme annulait sa décision antérieure, estimant que «la possibilité d'obtenir un jugement déclaratoire existe[27]».

Élections générales provinciales québécoises du 2 décembre 1985

Dans la perspective de la tenue d'élections provinciales au Québec, le directeur général des élections du Québec écrivait au Solliciteur général du Canada, le 27 mars 1985, pour l'inviter à entamer les démarches préliminaires

---

23. Comité des droits de l'homme, décision, Communication R. 25/113, Doc. N.U. OOPR/O/19/D/R. 25/113 (1983).
24. «Réponse du Canada à l'invitation que lui a faite le Comité des droits de l'homme de présenter par écrit des explications ou déclarations relativement à la Communication R. 25/113», 17 février 1984, 24 pages.
25. *Charte canadienne des droits et libertés, Canada Act* 1982, c. 11 (R.U.) Schedule B: Loi constitutionnelle de 1982, Partie I.
26. Comité des droits de l'homme, décision, Communication R. 25/113, Doc. N.U. OOPR/O/24/D/R.25/113 (1985), 12 avril 1985, reproduit dans *Rapport au comité des droits de l'homme*, Doc. off. A.G., 40e session, supp. n° 40, Doc. N.U.A./40/40, annexe XV, p. 233.
27. «Réponse du Canada...», *loc. cit.*

à la signature d'un protocole d'entente qui aurait assuré aux détenus des pénitenciers fédéraux du Québec l'exercice de leur droit de vote.

Devant le mutisme des autorités fédérales, l'ODD décida de s'adresser encore une fois à la Cour fédérale du Canada afin d'obtenir un jugement déclaratoire, ainsi que le suggérait le Comité des droits de l'homme. Parallèlement à cette première requête en jugement déclaratoire, était déposée une «requête afin d'obtenir dispense des règles de la Cour fédérale en matière d'une action visant à obtenir un jugement déclaratoire et pour une audition au mérite d'urgence».

Dans un premier jugement concernant la deuxième requête, le juge P. Rouleau ordonnait aux parties d'agir avec célérité, compte tenu de la proximité des élections provinciales fixées au 2 décembre 1985, tout en accordant des délais suffisants pour assurer aux ministres intéressés une défense pleine et entière. C'est ainsi que les parties devaient se présenter devant le tribunal le 22 novembre pour que fût fixée une date d'audition. Celle du 26 novembre fut retenue. Le procès ayant eu cours toute la journée du 26 novembre, le juge rendait sa décision[28].

Ce jugement peut être qualifié d'historique en ce qu'il reconnaît sans ambages le statut de citoyens à part entière aux détenus, sans égard à leur incarcération, et le droit de participer à la vie politique du pays et des provinces par l'exercice du «droit de vote (qui) est la pierre angulaire de toute démocratie qui se respecte», comme le souligne le juge dans son jugement. Cette reconnaissance d'un droit fondamental aux détenus par un tribunal est extrêmement importante, eu égard à l'objectif de l'ODD dans sa lutte pour la reconnaissance et le respect des droits des détenus. En effet, en 1972, quand l'ODD fut mis sur pied, la notion de droits des détenus était encore inhabituelle, sinon suspecte. Le présent jugement, contrairement aux autres rendus en d'autres circonstances, ne veille pas seulement au respect des principes de justice qui nous gouvernent, mais reconnaît solennellement un droit politique aux personnes incarcérées.

De plus, ce jugement concerne non seulement les droits des détenus, mais également ceux de tous les Canadiens, parce que, tout d'abord, il énonce clairement que «si la *Charte canadienne des droits et libertés*, qui fait partie de la Constitution du Canada, est la loi suprême du pays, nul ne peut y échapper, pas même la Couronne ni un ministre agissant en sa qualité de représentant de la Couronne»; et ensuite parce qu'il constate que la «Charte a non seulement modifié le droit existant mais l'a également bouleversé» et que par conséquent

---

28. *Lévesque* c. *P.G. du Canada*, (1985) D.L.R. (4th) 184, (1986) 2 C.F. 287, 20 O.R.R. 15.

CRIMINOLOGIE

un bref de *mandamus* peut être émis contre la Couronne ou un de ses représentants.

Ce bref de *mandamus* a pour effet d'annuler toutes les règles d'immunité issues de la *common law*, compte tenu du respect de la Charte; par conséquent, «il ne fait plus de doute maintenant que la Couronne est assujettie aux dispositions de la Charte au même titre que tout autre administré».

Il ordonne également que tous les détenus des pénitenciers fédéraux du Québec puissent exercer leur droit de vote s'ils le désirent. Ce que ceux-ci ne se sont pas privés de faire avec tout le sérieux requis. Aux élections provinciales de 1989, les détenus des pénitenciers fédéraux ont pu voter normalement.

Plus de dix années d'efforts ont été nécessaires pour que finalement le droit de vote des détenus soit reconnu et que l'exercice en soit assuré au niveau provincial au Québec. Même si l'ODD prit l'initiative de plusieurs démarches, il va sans dire que d'autres ont aussi collaboré à cette reconnaissance, soit par leurs prises de position[29], soit par leurs recours, à faire du Canada, même à l'encontre du gouvernement fédéral, un des pays qui appliquent partiellement l'article 25b) du *Pacte international relatif aux droits civils et politiques*.

Terre-Neuve a pour sa part reconnu le droit de vote aux détenus en modifiant sa loi électorale en 1985. Le Manitoba[30], en 1986, et l'Ontario[31], en 1988, ont reconnu aux détenus le droit de vote au niveau provincial après que ceux-ci ont eu gain de cause devant les tribunaux de leur province.

II. LA NON-RECONNAISSANCE DU DROIT DE VOTE DES DÉTENUS AUX ÉLECTIONS FÉDÉRALES

En ce qui concerne les démarches à caractère politique concernant le droit de vote des détenus lors d'élections fédérales, elles se sont essentiellement traduites par des échanges de correspondance avec le directeur général des élections, M. Jean-Marc Hamel, le président du Comité des privilèges et élections, différents députés et ministres et, finalement, avec les premiers ministres John Turner et Brian Mulroney. Ces démarches ont été moins nombreuses du fait que notre attention était surtout centrée sur le Québec, où le dossier avançait plus rapidement grâce à l'intérêt favorable manifesté, entre

---

29. Voir *supra*, note 9.
30. *Badger* c. *A.-G. of Manitoba* (1986) 30 D.L.R. (4th) 108, 27 O.O.O. (3d) 158, 39 Man. R. (2d) 107, 51 O.R. (3d) 163, 21 O.R.R 277; conf. 32 D.L.R. (4th) 310, 29 O.O.O. (3d) 92, 39 Man. R. (2d) 230, 55 O.R. (3d) 364, 21 O.R.R. 379.
31. *Grondin* c. *A.-G. Ont.* (1988) 65 O.R. (2d) 427.

autres, par la Commission des droits de la personne, le directeur général des élections, M. Pierre-F. Côté, et plusieurs députés.

Il est à noter qu'en 1975, le député fédéral d'Egmont (Île-du-Prince-Édouard), M. David McDonald, a présenté un projet de loi privé visant à reconnaître le droit de vote aux détenus lors des élections fédérales. Son initiative n'a pas été couronnée de succès.

En 1988, le député fédéral de Burnaby (C.-B.), M. Svend Robinson, a appuyé *sans réserve* nos démarches auprès des autorités politiques fédérales.

En ce qui concerne le droit de vote et son exercice lors des élections fédérales, plusieurs recours ont été entrepris non seulement au Québec mais aussi en Ontario et au Manitoba.

C'est en 1984 que le *Correctional Law Project*, de la faculté de droit de l'université Queen, à Kingston, et l'ODD ont pris en charge les premiers recours judiciaires. Robert Gould, du pénitencier de Joyceville (Ontario), et Germain Gagnon, du pénitencier Leclerc (Québec), ont présenté une requête devant la Cour fédérale du Canada, et Richard Sauvé, du pénitencier Collins Bay (Ontario), a fait de même devant la Cour suprême de l'Ontario (équivalent de la Cour supérieure du Québec).

Robert Gould a obtenu, suite à sa requête en injonction, le droit de voter par procuration aux élections fédérales du 4 septembre. Immédiatement après cette décision, le gouvernement du Canada est allé en appel et la Cour d'appel fédérale, dans un jugement partagé, a estimé que le juge de première instance avait statué prématurément sur la requête, n'ayant pas eu l'occasion d'entendre le procès afin d'établir éventuellement le bien-fondé de la requête. La Cour suprême a pour sa part maintenu la décision de la Cour d'appel[32]. Le dossier Gagnon n'a pas été poursuivi.

C'est en septembre 1988 que le juge Mabel Van Camp, de la Cour suprême de l'Ontario, entendait la requête déposée par Richard Sauvé en 1984, à la veille des élections fédérales qui se sont tenues cette année-là. Le 7 novembre, soit plus de quatre ans après le dépôt de la requête, elle rendait une décision estimant que l'interdiction de voter contenue dans la *Loi électorale du Canada* n'est pas incompatible avec la *Charte*[33]. Cette décision est devant la Cour d'appel.

32. *Gould* c. *P.G. du Canada* (1984) 1 O.F. 1119, 42 O.R. (3d) 78; inf. 1 O.F. 1133, 42 O.R. (ed) 88, 13 D.L.R. (4th) 485, 54 N.R. 232; conf. 2 R.O.S. 124, 13 D.L.R. (4th) 491n, 53 N.R. 394n.
33. *Sauvé* c. *A.-G. of Canada* (1988) 53 D.L.R. (4th) 595, 66 O.R. (2d) 234.

En prévision des élections fédérales en mars 1988, l'ODD soutenait le recours entrepris par Jean-Louis Lévesque, basé sur les mêmes arguments invoqués lors de sa requête antérieure, afin d'obtenir la reconnaissance du droit de vote pour les détenus aux élections fédérales[34]. La volonté de présenter un dossier le plus solide possible a fait en sorte que les élections se sont déroulées avant que le procès n'ait été entendu.

Sans avoir produit de défense, le procureur du gouvernement du Canada a déposé, le 17 janvier 1990, une requête en radiation des plaidoiries «aux motifs que l'action du demandeur ne révèle aucune cause raisonnable d'action[35]». Il est pour le moins stupéfiant que, malgré le jugement clair et non équivoque du juge Rouleau et des tribunaux du Manitoba et de l'Ontario, le gouvernement du Canada plaide l'absence de cause raisonnable. La Cour a rejeté cette assertion et la cause devrait normalement suivre son cours.

En septembre également, Arnold Badger, celui-là même qui eut gain de cause relativement à la reconnaissance du droit de vote au niveau provincial au Manitoba, ainsi que deux codétenus du pénitencier Stony Mountain ont déposé une requête pour obtenir la reconnaissance du droit de vote aux élections fédérales du 21 novembre 1988. Le 4 novembre, le juge Hirschfield, de la Cour du banc de la reine, a conclu que l'article 14(4)(e) de la *Loi électorale du Canada* contrevenait à la *Charte*, que les détenus avaient le droit de vote et ordonnait que le directeur général des élections agisse en conséquence.

Le gouvernement du Canada est allé en appel et la Cour d'appel du Manitoba a renversé la décision dans un jugement unanime rendu le 18 novembre. Les détenus ont interjeté appel devant la Cour suprême du Canada, mais celle-ci a rejeté la requête en autorisation de pourvoi[36].

En 1990, la Commission royale sur la réforme électorale et le financement des partis a tenu des audiences à travers le pays et a abordé l'épineuse question du droit de vote des détenus aux élections fédérales. L'ODD a soumis un mémoire et a comparu devant la Commission pour défendre son point de vue[37]. Le rapport de la commission devrait être rendu public incessamment.

Compte tenu de la position du gouvernement fédéral devant le Comité des droits de l'homme des Nations unies, le plus surprenant est que le gou-

---

34. *Sauvé* c. *A.-G. of Canada* (1988) 53 D.L.R. (4th) 595, 66 O.R. (2d) 234.
35. *Lévesque* c. *P. G. du Canada et Solliciteur général du Canada*, O.F. (1re instance), T-531-88.
36. *Badger* c. *A.-G. of Canada* (1989) 55 D.L.R. (4th) 177; (1989) 1 R.O.S.V.
37. Office des droits des détenu-e-s (1990), *Le Droit de vote des détenu-e-s*, Montréal, ODD, 26 mars 1990, 46 p.

vernement refuse toujours de prendre en compte le jugement Rouleau pour rendre conforme la *Loi électorale du Canada* aux principes démocratiques qui nous gouvernent et à la *Charte canadienne des droits et libertés.*

III. L'EXERCICE DU DROIT DE VOTE

La situation actuelle peut se résumer comme suit : au Québec, à Terre-Neuve, au Manitoba et en Ontario, les détenus des prisons provinciales et des pénitenciers fédéraux se sont vu reconnaître le droit de vote à des élections provinciales, soit par des amendements législatifs, soit par des décisions judiciaires.

Il est à remarquer que l'exercice de ce droit ne va pas sans problème dans certaines provinces. En effet, en Ontario par exemple, l'exercice du droit de vote se fait par procuration, ce qui oblige les détenus à confier à un ami ou un parent le soin de voter à leur place. Et comme plusieurs d'entre eux n'ont pas d'amis, de famille ou ont rompu avec celle-ci, l'exercice de ce droit devient illusoire. Il va donc falloir que des interventions soient entreprises pour obtenir que l'exercice du droit de vote soit garanti de manière équitable. L'exemple du Québec démontre très clairement qu'il est tout à fait possible que des bureaux de scrutin soient installés dans les institutions carcérales.

Au Manitoba, les autorités provinciales ont décidé unilatéralement, en dépit du fait que les détenus ont voté en 1988, de suspendre l'exercice de leur droit de vote lors des élections provinciales du 11 septembre 1990, sous pré-texte que la Cour d'appel du Manitoba avait rendu un jugement le 21 novembre 1988 estimant que la *Loi électorale du Canada* ne contrevient pas à la *Charte* en retirant le droit de vote aux détenus.

En ce qui concerne la reconnaissance du droit de vote lors des élections fédérales, le gouvernement s'y oppose avec acharnement, et les cours de justice ne l'ont pas encore reconnu, au contraire.

CONCLUSION

Comme nous l'avons vu, l'obtention du droit de vote pour les détenus était et est toujours, pour l'ODD, une question d'abord politique, la lutte judi-ciaire représentant un moyen pour obtenir la reconnaissance et l'exercice de ce droit.

Il ne peut pas en être autrement quand on constate avec quelle énergie les autorités politiques fédérales s'opposent aux requêtes des détenus.

En effet, il est étonnant qu'un gouvernement dit démocratique se refuse à adopter le principe que les jugements de cour ont une portée universelle en ce qui concerne la reconnaissance et le respect des droits des citoyens. Cela s'explique peut-être par le fait que les députés et ministres n'ont aucun respect pour les jugements qui mettent en cause leur soif de pouvoir. Lors de la reconnaissance du droit de vote des détenus aux élections provinciales d'Ontario par un tribunal ontarien, un ex-Solliciteur général du Canada et député, M. Robert Kaplan, déclarait à la Chambre des communes : «M. le Président, encore une fois, un tribunal inférieur s'est fondé sur la *Charte des droits et libertés* pour accorder aux détenus le droit de vote aux élections fédérales et provinciales, dans ce cas précis au niveau provincial... Je regrette beaucoup la tournure que prennent les événements et j'implore les procureurs généraux d'interjeter appel de ces décisions rendues par des tribunaux inférieurs[38].»

Mais cette attitude vis-à-vis les jugements des tribunaux n'a pas cours que dans le dossier du droit de vote. Elle s'est manifestée dans d'autres domaines comme, par exemple, les fouilles et les tests d'urine obligatoires imposés aux détenus.

Il est toujours plus facile pour l'État d'étendre une restriction des droits que d'imposer des restrictions toutes nouvelles. Les brèches les plus aisées à effectuer sont celles qui concernent les détenus, puisque l'on peut sans peine justifier ces mesures en invoquant des raisons de sécurité publique. C'est ainsi que les détenus sont une cible privilégiée quand il s'agit de préparer le terrain.

Défendre les droits des détenus n'est pas une cause populaire, mais il faut bien se rendre compte que c'est non seulement défendre des personnes qui sont à la merci d'un pouvoir arbitraire, mais que c'est également défendre les droits et libertés de tous les membres de la société, les droits et libertés reconnus aux détenus s'appliquant finalement à tous et chacun.

L'histoire en général et l'histoire de la reconnaissance du droit de vote en particulier nous démontrent qu'il n'y a pas un droit, pas une liberté qui n'ait été gagné sans une lutte sociale contre le pouvoir étatique. Les droits ou libertés qui ne sont pas conquis demeurent des mots, sinon des rêves.

---

38. Débats des Communes, 10 août 1988, p. 18166.

VIVRE AVEC SES PEINES:
LES FONDEMENTS ET LES ENJEUX DE L'USAGE DE MÉDICAMENTS PSYCHOTROPES SAISIS À TRAVERS L'EXPÉRIENCE DE FEMMES CONDAMNÉES À L'EMPRISONNEMENT À PERPÉTUITÉ

Tina Hattem*

Taken from a qualitative empirical study on the experience of women condemned to life imprisonment, this article questions the use of psychotropic medication for purposes of self-control or the control of others. Concerned are the reasons contributing to the demand for and prescription of mood-altering drugs in prisons for women, the stakes involved in their use, and the need to take into account the conditions of detention as well as correctional and medical practices in the search for alternative solutions.

Cet article sur les fondements et les enjeux de l'usage de médicaments psychotropes chez les femmes emprisonnées fait suite à une recherche sur l'expérience de femmes condamnées pour meurtre à une peine d'emprisonnement à perpétuité associée à une période d'inadmissibilité à la libération conditionnelle allant de 10 à 25 ans[1].

La régularité avec laquelle cette question a été soulevée par les femmes interviewées dénote l'importance que revêt l'usage de médicaments psychotropes dans le contexte des prisons pour femmes[2]. Notre intention n'est pas de soutenir que tout recours à de tels médicaments devrait être proscrit mais, plutôt, de problématiser leur usage à des fins de contrôle de soi ou des autres.

Selon la thèse soutenue ici, un tel usage de médicaments psychotropes met en cause le droit des personnes emprisonnées d'exercer un contrôle sur leur existence, de s'exprimer et d'être entendues et, donc, leur droit d'agir et d'être reconnues comme sujets.

* Attachée de recherche, Centre international de criminologie comparée de l'Université de Montréal, C.P. 6128, Succ. «A», Montréal (Québec) H3C 3J7.
1. Cette étude a été facilitée par une subvention du Conseil de recherches en sciences humaines du Canada.

2. Par contre, la question de l'usage de médicaments psychotropes a rarement été soulevée lors des entretiens réalisés dans la cadre d'une recherche antérieure sur la situation et l'expérience des hommes purgeant une peine minimale de 25 ans dans les pénitenciers du Québec (Hattem, 1987).

Force est de reconnaître que le recours aux médicaments psychotropes n'est pas limité au contexte de la détention. Aussi, après avoir exposé notre démarche méthodologique, nous aborderons brièvement la question du recours à ces médicaments chez les femmes en général ainsi que chez les femmes emprisonnées, pour ensuite considérer leurs usages et leurs enjeux chez ces dernières. La consommation excessive de médicaments psychotropes étant souvent attribuée à la demande des utilisatrices, nous traiterons par ailleurs la manière dont les pratiques correctionnelles et médicales y contribuent. Pour terminer, il sera question de la recherche de solutions de rechange à la médication et des limites imposées par le contexte de la détention.

LA QUESTION MÉTHODOLOGIQUE

Notre analyse a pour point de départ des entretiens biographiques combinant la tendance à la non-directivité et la mise en rétrospection[3]. Ces entretiens ont été réalisés en janvier et février 1988 auprès de 18 femmes déclarées coupables de meurtre et condamnées à une peine d'emprisonnement à perpétuité.

De ce nombre, six femmes avaient été déclarées coupables de meurtre au premier degré et, de ce fait, condamnées à une peine minimale de 25 ans. Quant aux 12 femmes déclarées coupables de meurtre au deuxième degré, neuf purgeaient une peine minimale de 10 ans, une purgeait une peine minimale de 13 ans et deux une peine minimale de 15 ans. Soulignons par ailleurs que 16 des interviewées étaient détenues à la Prison des femmes, située à Kingston, en Ontario, et deux dans un établissement de détention provincial du Québec[4].

Les entrevues, d'une durée allant généralement de deux à trois heures, se sont déroulées en français ou en anglais, selon le choix des interviewées. La plupart ont été enregistrées sur bande magnétique avec le consentement de ces dernières — à qui nous avons garanti l'anonymat par écrit — puis

---

3. La consigne de départ de ces entretiens s'énonce comme suit : «Je sais que tu es (vous êtes) en train de faire une longue sentence. J'aimerais que tu me parles (vous me parliez) de comment tu as (vous avez) vécu ça à partir du début jusqu'à maintenant.»

4. La concentration des interviewées à la Prison des femmes découle du fait que ce pénitencier est le seul réservé aux femmes sous sentence fédérale. Bien que des ententes d'échange de services conclues entre le gouvernement fédéral et celui de chacune des provinces (sauf Terre-Neuve, l'Île-du-Prince-Édouard et l'Ontario) permettent à certaines d'entre elles de purger leur sentence dans leur province ou région d'origine, la plupart des femmes condamnées pour meurtre sont détenues à Kingston, leur transfert étant motivé, le plus souvent, par l'insuffisance des ressources provinciales.

retranscrites intégralement. Pour les deux femmes qui ont refusé l'enregistrement, nous avons procédé par prise de notes.

Bien que nous y fassions peu référence dans le cadre de cette analyse, soulignons que nous avons aussi effectué, à titre complémentaire, 10 entretiens semi-structurés auprès d'administrateurs ainsi que de membres du personnel de gestion de cas et de la santé mentale affectés aux établissements où étaient détenues les femmes interviewées. Ceux-ci nous ont parlé, entre autres, de leurs contacts avec les femmes condamnées pour meurtre, de leurs perceptions quant à leurs besoins ainsi que des politiques et des pratiques s'appliquant à la gestion de leur sentence.

DE L'IMPORTANCE DU RECOURS AUX MÉDICAMENTS PSYCHOTROPES CHEZ LES FEMMES

L'importance du recours aux médicaments psychotropes[5] chez les femmes est bien connue. Que ce soit au Canada, aux États-Unis ou en Angleterre, les enquêtes démontrent presque invariablement qu'elles reçoivent au moins deux fois plus d'ordonnances de psychotropes que les hommes, et que ces psychotropes sont majoritairement des tranquillisants (Cooperstock et Hill, 1982[6]).

Cette constatation quant à la surprescription de tranquillisants dans la société «libre» s'applique également au contexte de la détention. Cependant, les quelques données disponibles indiquent que la disproportion entre les femmes et les hommes s'accentue lorsqu'on ne tient compte que des populations carcérales.

À titre indicatif, une enquête menée par la Commission des droits de la personne du Québec (1985) révèle que le volume des médicaments, et notamment des médicaments psychotropes, administré aux femmes détenues à la prison Tanguay est de deux à quatre fois plus élevé que celui administré dans les établissements de détention de Québec et de Montréal réservés aux hommes. Une étude menée par Resnik et Shaw (1980) aux États-Unis rapporte un volume de deux à dix fois plus élevé, cette disproportion variant selon l'institution en cause.

Les considérations associées au recours aux médicaments psychotropes chez les femmes en général fournissent certaines indications quant à ce qui

---

5. Par médicaments psychotropes, on entend généralement les substances prescrites par un médecin ou un psychiatre qui agissent sur le système nerveux central, comme les somnifères, les anxiolitiques et les antidépresseurs.

6. Pour une analyse plus poussée de cette question, voir Harding (1986).

peut contribuer à leur usage chez les femmes emprisonnées. Parmi les considérations relevées et retenues dans notre analyse, mentionnons la demande des consommatrices — celle-ci étant associée à leurs conditions de vie, à leur niveau d'activités sociales et sportives, aux attentes entretenues à leur égard et à leurs rôles sociaux — ainsi que l'idéologie médicale et les pratiques des médecins.

DES USAGES ET ENJEUX DES MÉDICAMENTS PSYCHOTROPES CHEZ LES FEMMES EMPRISONNÉES

Des 18 femmes interviewées, neuf ont fait mention de l'usage de médicaments psychotropes[7]. L'usage de tels médicaments peut être antérieur au contact avec l'appareil de justice pénale, se poursuivre à la suite de celui-ci ou, encore, lui être contemporain. Par ailleurs, cet usage n'est pas que passager, s'étendant très souvent sur plusieurs mois, voire sur plusieurs années.

Si cet article traite surtout de l'usage de médicaments psychotropes en prison, les entretiens réalisés montrent qu'ils peuvent être prescrits et consommés à chacune des étapes du processus judiciaire. Dans tous les cas, le recours aux psychotropes peut faire suite à la demande des femmes emprisonnées ou à la suggestion d'un médecin ou d'un psychiatre, ou encore à la demande des autorités correctionnelles.

Notamment, certaines interviewées disent avoir demandé ou s'être vu proposer des médicaments psychotropes pour calmer les émotions suscitées par l'événement à l'origine de leur condamnation ou leurs premiers contacts avec le monde de la justice et de la prison[8]. Bien que ces médicaments puissent produire l'effet calmant souhaité par les femmes qui les consomment ou les instances médicales qui les prescrivent, les interviewées dont la médication a été maintenue pendant le procès soutiennent, avec le recul, qu'elle a eu des conséquences négatives sur leur trajectoire pénale.

À tout le moins, le maintien de la médication pendant le procès peut accentuer l'inintelligibilité des procédures, surtout chez les non-initiées. Aussi,

---

7. Notons par ailleurs que quelques interviewées ont mentionné avoir fait usage de psychotropes illicites. Bien que cette question ne soit pas traitée dans le cadre de la présente analyse, nous croyons qu'elle pourrait dans une large mesure s'y appliquer puisque les psychotropes licites et illicites peuvent être utilisés aux mêmes fins et produire des effets semblables. Comme il est soutenu dans un rapport de Santé et bien-être social Canada (1989), les drogues licites et illicites se distinguent principalement par des considérations d'ordre historique et juridique — expliquant leur classification dans l'une ou l'autre catégorie — plutôt que par leurs enjeux pour les personnes qui les consomment.

8. Soulignons à cet égard que des 18 femmes interviewées, 14 en étaient à leur premier contact avec l'appareil de justice pénale.

Lorraine[9], condamnée à une peine minimale de 25 ans parce qu'elle se trouvait en compagnie de son conjoint au moment où celui-ci a blessé mortellement un policier, soutient que son statut de néophyte, combiné aux effets de sa médication, l'ont rendue moins attentive aux décisions stratégiques de son avocat, dont celle de ne pas demander que son cas soit traité séparément de celui de son conjoint :

> À un moment donné, j'ai parlé à mon avocat de faire les démarches pour que mon cas soit traité séparément puis il m'a dit que ça pouvait pas se faire. Dans ce temps-là, j'étais un peu naïve par rapport au système de justice puis, en plus, j'étais sur des tranquillisants. Je faisais pas vraiment attention à ce qui se passait. Je laissais passer tout ce que mon avocat me disait. Maintenant, je sais que j'aurais pu me battre pour que mon cas soit traité séparément, que j'aurais pu insister là-dessus, puis que j'aurais pas été trouvée coupable si j'étais allée en procès seule.

On peut facilement imaginer, en outre, que le maintien de la médication pendant le procès est susceptible d'affecter l'accusée dans sa capacité de donner sa version des événements. Ainsi, bien qu'elle considère avoir reçu de très bons soins de la part du psychiatre qui lui a prescrit des psychotropes, Viviane soutient que son cas n'aurait pas dû être porté devant les tribunaux alors qu'elle était encore sous tranquillisants. Niant avoir empoisonné son époux, elle va jusqu'à imputer sa condamnation à une peine minimale de 25 ans à son incapacité de témoigner et de faire valoir son innocence :

> Ça faisait juste cinq mois que j'avais été arrêtée quand j'ai eu ma sentence… avant que je me sois remise de ma dépression nerveuse puis que je sois capable de témoigner. Ils auraient jamais réussi à me faire condamner si j'avais pas eu une dépression nerveuse puis si j'avais pas été droguée. J'avais plus d'émotions, même pas de larmes. Après que j'ai été sentencée, ma famille pleurait, mes voisins pleuraient, mes amis, mon avocat puis mes gardes pleuraient. J'étais la seule qui pleurais pas parce que j'étais tellement droguée que j'étais pas capable de pleurer. C'était comme si ça arrivait à quelqu'un d'autre. Ça voulait rien dire pour moi. C'était pas réel.

Bien sûr, plusieurs considérations peuvent affecter le jugement rendu dans un cas particulier, et il est difficile de déterminer le rôle qu'a pu jouer l'effet des médicaments psychotropes. Néanmoins, dans la mesure où le maintien de la médication pendant le procès influe sur la capacité d'une accusée de suivre les procédures, de les utiliser adéquatement et de faire valoir sa version

---

9. Tous les prénoms sont fictifs. Par ailleurs, les citations en anglais ont été traduites pour faciliter la lecture.

des événements, elle peut dans certains cas suffire à mettre en cause son droit formel de se défendre contre les accusations portées contre elle.

Maryse, dont la médication a également été maintenue pendant le procès, soutient que les psychotropes sont dispensés aux femmes «pour qu'elles paraissent bien devant le juge». L'expérience de Lorraine, qui a été retirée de la salle d'audience pour se faire administrer un médicament lorsqu'elle a manifesté par des larmes les émotions qu'elle éprouvait, donne quelque crédit à cette interprétation:

> À un moment donné, pendant le procès, je me suis écroulée puis j'ai commencé à pleurer. Leur réaction, ç'à tout de suite été de me sortir de la salle, de me ramener aux cellules puis d'appeler une infirmière qui m'a donné 20 milligrammes de valium liquide. Ils m'ont donné une demi-heure pour me calmer puis ils m'ont ramenée dans la salle. Ça fait que la seule fois que j'étais assez consciente pour être dérangée par ce qui se passait, j'ai été tranquillisée. Puis j'ai été dans cet état-là pendant tout le procès.

Si le maintien de la médication peut perturber les capacités de défense de l'accusée, le sentiment d'avoir été injustement traitée peut, à son tour, contribuer à la demande de médicaments une fois la sentence prononcée. Condamnée à une peine minimale de 10 ans alors que les deux autres personnes impliquées dans l'événement à l'origine de sa sentence ont été acquittées, Claire a commencé à en faire usage pour atténuer la colère attachée au jugement rendu dans son cas: «J'ai été condamnée parce que j'ai refusé de parler... J'ai commencé à prendre des médicaments pour mettre la colère et la douleur de côté, pour me soulager un peu.»

Comme nous l'avons déjà souligné, l'usage de médicaments psychotropes peut produire l'effet tranquillisant souhaité par suite de l'événement à l'origine de la condamnation ou des premiers contacts avec le monde de la justice et de la prison. Par contre, nombre d'interviewées ont constaté qu'à long terme, ces médicaments minaient leur aptitude à composer avec leur situation et ont décidé de leur propre chef de ne plus en consommer.

Les enjeux des médicaments psychotropes eu égard au contrôle personnel ressortent de la description que font les interviewées de leurs effets. Selon les termes de Claire, qui en a fait usage en prison pendant dix ans, dont quatre de manière ininterrompue, ceux-ci réduisaient sa conscience de la situation au point de la priver de la capacité d'agir comme sujet: «J'étais comme un zombie. La moitié du temps, j'avais même pas conscience de ce que je faisais.»

Dans le même sens, Lorraine, qui relate avoir été sous l'effet de divers tranquillisants et somnifères au cours des six années précédant son contact avec l'appareil de justice pénale ainsi que pendant son procès, soutient que leur effet calmant est tel qu'ils réduisent en même temps la maîtrise et le contrôle de soi : «Ça t'engourdit, ça fait que t'es jamais vraiment au-dessus de tes affaires, t'es jamais vraiment en contrôle.»

Par la dépendance psychologique et même physique que plusieurs interviewées ont développée vis-à-vis les médicaments psychotropes, leur aptitude personnelle à composer avec leur situation a grandement diminué. C'est ce qu'a constaté Maryse, qui a décidé de cesser d'en consommer quelques mois après sa condamnation à une peine minimale de 25 ans, et ce, contre les conseils du psychiatre traitant. Elle a expliqué que sans médicaments, elle était mieux capable de surmonter les périodes de découragement qu'elle vivait : «Quand je pognais des *downs*, j'étais capable de les relever toute seule plus facilement. J'avais moins d'idées suicidaires, beaucoup plus de contrôle de ce côté-là.»

À la lumière de ce qui précède, on comprend qu'une professionnelle intervenant auprès des femmes emprisonnées soutienne que l'usage prolongé de médicaments psychotropes nuise à la démarche qu'elle entreprend avec les femmes qui la consultent. Cette démarche vise en effet l'atténuation de leur dépendance et de leur sentiment d'impuissance, ainsi que la réappropriation d'un certain degré de pouvoir personnel, si limité soit-il, compte tenu de leur statut de prisonnières : «Quand un de mes objectifs est d'augmenter le sentiment de contrôle de soi et de puissance personnelle, ça va à l'encontre de la médication…»

Les propos des femmes interviewées et ceux de cette professionnelle ne signifient pas que tout recours aux médicaments psychotropes devrait être proscrit mais, plutôt, permettent de faire ressortir les enjeux et les limites de leur usage à des fins de contrôle de soi. Selon cette même professionnelle, il peut être indiqué d'y recourir de façon ponctuelle, comme moyen d'atténuer les manifestations des frustrations, du stress ou de l'anxiété que vivent les femmes emprisonnées. Cependant, cet usage n'en reste pas moins un palliatif et doit être associé à la recherche d'autres moyens de composer avec les problèmes en remontant à leur source. Or, les pratiques correctionnelles et médicales dont il sera question dans la prochaine section vont à l'encontre de cette recherche de solutions de rechange.

DE LA PRODUCTION DE LA DEMANDE DE MÉDICAMENTS PSYCHOTROPES CHEZ LES FEMMES EMPRISONNÉES

Il est souvent fait état, pour expliquer la consommation excessive de médicaments psychotropes chez les femmes et, notamment, chez les femmes emprisonnées, de leur forte demande pour de tels médicaments. Or, cette impu-tation du problème aux utilisatrices occulte la manière dont les privations et les contraintes imposées par le contexte de la détention contribuent à cette demande. En outre, l'accent mis sur les consommatrices masque les pratiques médicales en matière d'utilisation de psychotropes et le rôle actif qu'elles peuvent y jouer[10]. Notamment, plusieurs travaux mettent en évidence les pra-tiques d'ordonnance sexistes découlant des représentations entretenues à l'égard des femmes et de leurs besoins (Stoller Shaw, 1982). Enfin, il ne faut pas perdre de vue que ces médicaments peuvent être prescrits à la demande des autorités correctionnelles pour prévenir ou réprimer des comportements jugés inacceptables de la part des femmes emprisonnées[11].

En ce qui a trait aux privations et aux contraintes imposées par le contexte de la détention, la demande de médicaments psychotropes pour dormir ou relaxer ne peut être dissociée du fait que les personnes emprisonnées, et par-ticulièrement les femmes, ont peu d'échappatoires — ne serait-ce qu'en termes d'exercice physique ou de pratique de sports[12] — aux frustrations, au stress et à l'anxiété susceptibles de surgir dans la vie courante et, à plus forte raison, en prison. Selon les termes de Claudine, une femme condamnée à une peine minimale de 10 ans : «On n'a pas droit aux choses normales en prison : aux mêmes sortes d'exercices, aux mêmes sortes de solutions au stress et à l'anxiété qui existent à l'extérieur.»

Ainsi, Monique avait tenté de réduire sa consommation de médicaments psychotropes après huit ans d'utilisation en prison. Pourtant, elle n'était pas prête à y mettre fin, voulant conserver ce qui était devenu pour elle son prin-cipal moyen de composer avec ses énervements et ses tensions. Ceci, malgré le stigmate qu'une connaissance attache à leur usage :

> Je vais aller chercher (mes médicaments) si j'en ai besoin, mais si j'en ai pas besoin, j'y vais pas... Hier, je disais à une des filles que je pensais à retourner sur mes médicaments parce que dernièrement, je m'énerve trop facilement, pour des riens, puis elle me disait que c'était comme une béquille — mais c'est pas vrai.

---

10. Dans le même sens, l'analyse de Harding (1986) quant à la surconsommation de médicaments psychotropes chez les femmes âgées démontre l'importance de tenir compte de leurs conditions sociales et économiques ainsi que des pratiques d'ordonnance des instances médicales.
11. À titre d'illustration, les entretiens réalisés dans le cadre de l'enquête de la Commission des droits de la personne à la prison Tanguay (1985) révèlent que les profes-sionnels de la santé peuvent être sollicités pour calmer les détenues «agitées» avec des médicaments.
12. Pour un traitement plus approfondi des conditions de vie des femmes sous sentence fédérale, voir Shaw (1989).

Le recours à cette échappatoire est très compréhensible compte tenu de la double exigence de respect des règles de conduite et de soumission à l'autorité caractérisant les attentes entretenues à l'égard des personnes emprisonnées (Loschak, 1981). De ce fait, elles peuvent difficilement mettre en cause les obligations et interdictions qui leur sont imposées, encore moins manifester les sentiments auxquels ces contraintes donnent lieu. Les pressions à ravaler leurs frustrations que décrit ici Claire peuvent en inciter certaines à recourir aux médicaments psychotropes comme moyen de contrôle de soi :

> Tu peux pas dire ce que tu penses en prison. Tu peux pas montrer aucun signe de colère. Tu peux pas te débarrasser de tes frustrations. Ou bien on te fait un rapport, ou bien on te met en ségrégation. Ça fait que c'est dur... Personnellement, je pense pas qu'ils peuvent comprendre ce qu'une personne vit dans un environnement comme ça.

Par ailleurs, la demande de médicaments psychotropes à des fins de contrôle de soi ne peut être dissociée de la manière dont les autorités correctionnelles et les professionnels de la santé répondent aux comportements jugés inacceptables, dans la mesure où ceux-ci sont interprétés et gérés non pas comme des indices de dynamiques personnelles, mais comme des indices de l'inadaptabilité au régime (François, 1981).

Par conséquent, toute attitude ou conduite s'écartant des attentes entretenues à l'égard des personnes emprisonnées — y compris les expressions d'aliénation, de colère et de frustration que peuvent constituer les réactions telles que les crises, les automutilations et les tentatives de suicide — est susceptible de donner lieu à des mesures de contrôle. Ces mesures vont de la ségrégation — parfois sous contention ou sous observation électronique, ou encore en cellule capitonnée — à la médication et au placement en institution psychiatrique, parfois contre le gré des personnes concernées.

Bien que l'on comprenne la volonté des autorités correctionnelles et des professionnels de la santé de minimiser les réactions autodestructrices, force est de reconnaître que les formes de contrôle utilisées évacuent le sens que ces réactions revêtent pour les prisonnières en cause.

Plus encore, ces mesures de contrôle d'ordre disciplinaire ou pharmacologique, vécues comme essentiellement coercitives et punitives par les prisonnières qui les subissent, peuvent contribuer aux attitudes et aux conduites qu'elles sont censées prévenir. Ainsi, Françoise reproche tant aux autorités correctionnelles qu'au personnel des divers établissements psychiatriques où elle a été transférée à plus d'une reprise de réagir à son comportement plutôt que de répondre à ce qui le sous-tend :

J'avais besoin de quelqu'un. Ici, ils comprenaient pas ça. À l'hôpital non plus. Ils jugeaient mon comportement au lieu de ce qui le causait. J'avais charge par-dessus charge, c'était effrayant. Là je sortais du trou encore bien plus frustrée puis bien plus à l'envers.

Cette incapacité d'exprimer ce qu'elles vivent et ressentent, combinée à l'absence d'échappatoires aux tensions et aux frustrations qu'elles subissent, favorise l'utilisation de médicaments psychotropes comme moyen d'évasion ou de contrôle de soi. De même, Claudine attribue la demande de tels médicaments à la gestion essentiellement coercitive et punitive d'attitudes et de conduites qui se comprennent pourtant à la lumière du contexte dans lequel elles se manifestent :

> Tout ce qu'ils savent faire, c'est de punir les femmes parce qu'elles ont des réactions normales à des conditions de vie anormales... Et puis sans apprendre à composer avec leurs émotions, elles sont forcées d'avoir à les contrôler avec des médicaments.

La demande de médicaments psychotropes chez les femmes emprisonnées est d'autant plus compréhensible que la tendance à évacuer ce qu'elles vivent et ressentent se manifeste non seulement dans leurs rapports avec les autorités correctionnelles, mais aussi dans leurs rapports avec les professionnels de la santé et, notamment, de la santé mentale[13].

En d'autres mots, alors qu'elles recherchent auprès de ces professionnels des solutions à des problèmes personnels et situationnels ou, à tout le moins, la possibilité d'exprimer leurs difficultés, elles se voient très souvent confrontées à des médecins et des psychiatres qui refusent de prendre le temps de leur parler, se contentant de leur prescrire des médicaments.

Tel a été le cas de Claire, qui a fait usage de médicaments psychotropes pendant dix ans et qui a décidé de son propre chef de ne plus en consommer. Elle associe cette décision à la prise de conscience que sa médication contribuait aux difficultés qu'elle vivait, n'agissant que sur les manifestations de ces difficultés et non sur leur source. Aussi soutient-elle rétrospectivement que les psychotropes sont prescrits aux femmes par défaut, pour les faire taire :

---

13. Bien que la charge de travail puisse limiter le temps dont ces professionnels disposent pour les consultations, l'évacuation du point de vue des «clients» n'en demeure pas moins une caractéristique de la relation médicale relevée aussi bien à l'intérieur qu'à l'extérieur du contexte carcéral (Stoller Shaw, 1982). Cependant, cette évacuation du point de vue du «client» est encore plus susceptible de se produire au sein de la prison, dans la mesure où l'infamie rattachée au statut de prisonnier vient restreindre davantage sa crédibilité. D'ailleurs, les femmes sous sentence fédérale interviewées dans le cadre d'une recherche récente soutiennent qu'elles sont traitées davantage comme des prisonnières que comme des femmes ayant besoin de soins de santé (Shaw, 1989).

Je réalisais pas que j'étais en train d'empirer les choses... Les médicaments, c'est pas bon pour personne parce que ça fait juste rendre la personne plus frustrée. Le psychiatre te donne des médicaments juste pour te fermer la gueule, pour te sortir de son bureau. T'es pas traitée comme un être humain. Toi, tu vas là pour avoir de l'aide. Ils t'en donnent pas, ils font juste empirer le problème.

Force est de reconnaître qu'il n'y a pas que les femmes emprisonnées qui sont confrontées à la difficulté de s'exprimer auprès des professionnels de la santé et, notamment, de la santé mentale. Cependant, les enjeux du traitement qui leur est réservé sont d'autant plus grands qu'elles sont placées dans une position de dépendance par rapport à l'institution pour la satisfaction de leurs besoins de soutien moral.

En effet, les personnes emprisonnées n'ont généralement accès qu'aux services offerts au sein de la prison où elles sont détenues ou d'établissements psychiatriques attachés aux services correctionnels. Par ailleurs, elles sont privées du droit au professionnel de la santé de leur choix[14].

Le fait que certaines femmes emprisonnées considèrent ou en sont venues à considérer les médicaments psychotropes comme un moyen de composer avec leur situation ou de se conformer aux attentes entretenues à leur égard, évitant ainsi les mesures de contrôle susceptibles d'être générées par les écarts à ces attentes, ne peut être dissocié du contexte où ces médicaments sont prescrits et consommés. Comme on l'a vu, les praticiens, en acquiesçant à la demande ou en les prescrivant, cautionnent leur usage à cette fin, même si telle n'est pas leur intention.

En plus de contribuer à la demande de psychotropes, voire de l'entretenir, cette pratique renforce l'idée que les femmes ont des carences, qu'elles sont incapables de «fonctionner» sans ce moyen de contrôle externe. Selon les termes de la professionnelle intervenant auprès des femmes emprisonnées citée plus haut:

Les femmes demandent aussi des médicaments. Quand ça leur est présenté comme une option viable, c'est sûr qu'elles en demandent: «J'ai ce problème-là puis cette pilule-là va m'éviter des troubles et me garder sous contrôle.» N'empêche que ça justifie pas de prescrire des médicaments quand c'est pas nécessaire... Ça fait juste renforcer l'idée chez la femme qu'elle a besoin de quelque chose, qu'elle est pas capable de bien fonctionner, qu'elle est pas une personne compétente...

---

14. Pour un traitement plus approfondi de cette question, voir le rapport d'enquête du Protecteur du citoyen (1985).

Les propos d'un psychiatre rapportés par Maryse, qui a décidé de se «désintoxiquer» quelques mois après sa condamnation à une peine minimale de 25 ans, constituent une illustration de la manière dont certains praticiens encouragent, ne serait-ce qu'indirectement, la demande de médicaments psychotropes: «Il m'a dit: "T'es folle. Il y a personne qui a traversé ce que tu vas traverser sans médicaments."» Si cette citation peut traduire une reconnaissance de la difficulté de la situation, elle peut aussi refléter une certaine représentation sexiste de la femme.

DE LA RECHERCHE DE SOLUTIONS DE RECHANGE AUX MÉDICAMENTS PSYCHOTROPES

Il est paradoxal de constater l'importance accordée à la consommation excessive d'alcool et de drogues illicites chez les personnes emprisonnées, alors que très peu d'attention est portée à la surconsommation de médicaments psychotropes chez ces dernières.

Or, la nécessité de problématiser la consommation et la prescription de ces médicaments à des fins de contrôle de soi ou des autres est d'autant plus grande que cet usage produit ou maintient la dépendance sur des moyens de contrôle externe, qu'il met en cause le droit de maîtriser sa vie, de s'exprimer et d'être entendu et qu'il reproduit une certaine image de la femme.

Si la recherche de solutions de rechange aux médicaments psychotropes doit tenir compte des habitudes de consommation des femmes, l'analyse qui précède démontre qu'elle doit également tenir compte des conditions de vie en détention, du mode de gestion des comportements jugés inacceptables et des pratiques correctionnelles et médicales qui contribuent à produire ou à entretenir les habitudes de consommation.

Par ailleurs, la recherche de solutions de rechange aux médicaments psychotropes doit tenir compte du fait que la position de subordination des femmes en tant que patientes n'est qu'accentuée dans le contexte de la détention. En plus d'être subordonnées à l'expertise de professionnels de la santé, les personnes emprisonnées sont des «clientes» captives ne pouvant aller ailleurs pour satisfaire leurs besoins d'appui moral.

Le pouvoir de ces professionnels se trouve accru du fait que l'administration des soins médicaux n'est pas toujours dissociée de l'administration de la prison (Commission des droits de la personne, 1985; Protecteur du citoyen, 1985; Stoller Shaw, 1982). En effet, dans la mesure où les professionnels de la santé sont appelés à participer à la gestion des sentences, notamment en procédant à des expertises pour le compte des services correctionnels ou des services de libération conditionnelle, ils se voient conférer le pouvoir supplémentaire d'influencer le classement et le processus de libération.

Bibliographie

COMMISSION DES DROITS DE LA PERSONNE DU QUÉBEC (1985), *Enquête de la Commission des droits de la personne à la prison Tanguay*, Montréal.

COOPERSTOCK, R., HILL, J. (1983), *Les Effets de l'usage des tranquillisants : l'usage des benzodiazépines au Canada*, Ottawa, Ministère des Approvisionnements et Services.

DOBASH, R. P., DOBASH, R. E., GUTTERIDGE, S. (1986), *The Imprisonment of Women*, New York, Basil Blackwell Inc.

FRANÇOIS, J. (1981), «La dangerosité en milieu pénitentiaire : opérateur social et réalité pulsionnelle», dans C. DEBUYST (éd.), *Dangerosité et justice pénale : ambiguïté d'une pratique*, Genève, Médecine et Hygiène.

HARDING, J. (1986), «Mood-Modifiers and Elderly Women in Canada : The Medicalization of Poverty», dans K. McDONNEL (éd.), *Adverse Effects. Women and the Pharmaceutical Industry*, Penang, Malaysia, International Organization of Consumer Unions.

HATTEM, T. (1987), «Condamnés à "25 ans minimum" : expérience vécue et perspectives d'avenir», rapport de recherche inédit, Université de Montréal, Centre international de criminologie comparée.

LOSCHAK, D. (1981), «Droit et non-droit dans les institutions totalitaires : le droit à l'épreuve du totalitarisme», dans C.U.R.A.P.P., *L'Institution*, Paris, P.U.F.

PROTECTEUR DU CITOYEN (1985), *Le Respect des droits des personnes incarcérées*, Québec.

RESNIK, J., SHAW, N. (1980), «Prisoners of Their Sex : Health Problems of Incarcerated Women», dans I. ROBBINS (éd.), *Prisoners' Rights Sourcebook : Theory, Litigation and Practice*, vol. II, New York, Clark Boardman.

SANTÉ ET BIEN-ÊTRE SOCIAL CANADA (1989), *Les Drogues licites et illicites au Canada*, Ottawa, Ministère des Approvisionnements et Services.

SHAW, M. (1989), *Survey of Federally Sentenced Women*, volume d'accompagnement 2 du *Rapport du Groupe d'étude sur les femmes purgeant une peine fédérale*, Ottawa, Ministère du Solliciteur général, décembre 1989.

STOLLER SHAW, N. (1982), «Female Patients and the Medical Profession in Jails and Prisons», dans N. H. Rafter et E. A. Stanko (éd.) *Judge, Lawyer, Victim, Thief*, Boston, North-Eastern University Press.

VINGT ANS DE DROITS DES DÉTENUS AU QUÉBEC
Guy Lemire*

*Discussion of prisoners' rights has often been the centre of attention
over the past twenty years or so. While it can help in denouncing
the abuse of authority, it is a different matter when it is a question
of analyzing the violence between prisoners that is one of the major
characteristics of the prison today. It has tended to take refuge in
a legalism that leaves no room for more concrete human consider-
ations. By rallying the abolitionists, it has helped to discredit the
reeducational prisons that in the sixties were trying to give the prison
milieu a more humane image. The outcome is very uncertain.*

Parmi les enjeux carcéraux des deux dernières décennies, le discours des
droits des détenus est certes l'un de ceux qui ont le plus attiré l'attention. Cet
intérêt se vérifie, non seulement au niveau de la recherche et des écrits, mais
aussi sur le plan médiatique. Ce débat ne laisse personne indifférent, d'autant
plus que la *Charte canadienne des droits et libertés* a jeté un nouvel éclairage
sur la question. Le temps est donc venu de faire le point, d'analyser quel a
été l'apport de cette perspective et quel avenir elle peut avoir.

1. LE DISCOURS DES DROITS DES DÉTENUS

Au Québec, ce discours a sans doute atteint son apogée au milieu des
années 1970, quand les universitaires et certains groupes sociaux se sont mobi-
lisés *contre* l'emprisonnement, en ont dénoncé les abus et ont mis de l'avant
des propositions destinées «à rendre le milieu carcéral le plus juste et le plus
humain» (Landreville, Gagnon et Desrosiers, 1976).

S'il est un dossier qui a marqué cette époque, c'est bien celui de la fermeture du Centre de prévention de Montréal, communément appelé Parthenais.
Pendant près de trois ans, un front commun d'une quinzaine d'organismes
a travaillé avec acharnement sur ce dossier.

La lutte débuta par de multiples revendications concernant les conditions
de détention (...) pour finalement déboucher, après maintes réflexions,
constatations et critiques, sur une demande de désaffectation de cette institution. (Gagnon et Dumont, 1976.)

* Professeur, École de criminologie, Université de Montréal, Case postale 6128, Succ.
«A», Montréal (Québec) H3C 3J7.

Le front commun a semblé avoir gain de cause puisqu'il reçut, en 1975, l'avis suivant du ministère de la Justice du Québec:

> Les plans et devis pour la construction d'une nouvelle prison devant remplacer Parthenais et Bordeaux débuteront cette année. (Gagnon et Dumont, 1976.)

On ne sait ce qu'il advint du front commun à la suite de ce résultat apparemment satisfaisant mais pour Gagnon et Dumont (1976), il s'agissait «d'une lutte à finir». Les dernières lignes de leur article sont révélatrices:

> Il faut souligner en terminant que la lutte est devenue plus large pour l'Office des droits des détenus en ce sens qu'elle ne se restreint pas à une demande de remplacement du centre de prévention, elle implique désormais une évaluation de la détention, eu égard au respect des droits fondamentaux de la personne humaine et eu égard aux significations idéologiques, politiques de l'incarcération dans la société québécoise. Après Parthenais, notre lutte continue (...)

L'avenir a donné raison à ces auteurs sur trois points: 1) à compter de 1976, le discours sur les droits des détenus fut surtout l'affaire de l'Office des droits des détenus (ODD); 2) la lutte fut élargie à l'ensemble des conditions de détention, notamment le tribunal disciplinaire, l'isolement cellulaire et les soins médicaux; 3) la contestation idéologique et politique de l'incarcération est demeurée au premier plan, rejoignant ainsi un discours abolitionniste, important à cette époque.

Les principaux droits ainsi identifiés furent les suivants (Landreville, 1976):

— droits à la vie et à la sécurité de la personne;

— droits à l'égalité devant la loi et à la protection de la loi;

— droits à la liberté de parole et à la liberté de presse;

— droits de ne pas être soumis à des peines ou traitements cruels et inusités;

— droits à une audition impartiale de sa cause (face au processus disciplinaire de l'établissement);

— droits à la présomption d'innocence (pour le prévenu).

Ces droits, on le constate, sont de nature générale et touchent des secteurs clés ou moments névralgiques de l'incarcération. On remarquera également que ces droits sont susceptibles de s'appliquer aux citoyens libres de telle sorte qu'il peut s'avérer difficile, sinon impossible, d'y opposer une fin de non-recevoir. On ne se surprendra donc pas de constater qu'au cours des quinze dernières années, il y a eu bien peu d'opposition au principe de tels droits. Et c'est en s'appuyant sur ces droits que l'ODD a construit ses meilleurs dossiers (suicides, bavures policières); c'est quand il s'en est éloigné (qu'on pense au droit à l'évasion!) qu'il a dérapé et perdu de sa crédibilité.

Quelles conclusions peut-on tirer des vingt ans de la cause? Tout d'abord, que le discours semble s'essouffler. L'ardeur des débuts a cédé la place à une certaine lassitude, Parthenais n'a pas bougé et est plus surpeuplé que jamais, la «lutte à finir» (Gagnon et Dumont, 1976) a cessé, faute de combattants, la mobilisation des organismes sociaux est pratiquement inexistante et on tient à l'université des colloques plutôt inoffensifs sur la surpopulation carcérale. Il faut bien le dire, la cause des droits des détenus, *radicale et idéologique*, est surtout devenue au Québec l'affaire d'un seul homme, Jean Claude Bernheim.

Ensuite, c'est devenu un discours limité, avec une marge de manœuvre relativement mince. Tant qu'on s'en tient à des énoncés de base susceptibles de s'appliquer à tous les citoyens, dans lesquels ces derniers vont se retrouver ou auxquels ils peuvent s'identifier, le discours passe la rampe, quoique sans susciter d'enthousiasme délirant. Quand on veut aller plus loin et toucher des domaines plus spécifiques à la prison, les apôtres des droits des détenus ont moins de succès. Il existe, à titre d'exemple, un problème sérieux de surpopulation dans les institutions carcérales canadiennes et ce problème dure depuis plusieurs années. Rappelons notamment que la double occupation cellulaire (deux détenus dans une cellule prévue pour une personne) dure depuis au moins cinq ans dans plusieurs pénitenciers fédéraux. Qui s'y intéresse? Rappelons aussi qu'à Parthenais et à Bordeaux, faute de cellules, on loge des détenus dans des corridors ou des dortoirs improvisés. Tout ceci a bien sûr un impact sur la qualité de la vie carcérale : les services ne peuvent être de même qualité, les tensions et frustrations sont vives, les relations sont tendues. Comment faire la démonstration que la qualité de vie a diminué? Cette détérioration n'est pas aussi tangible et mesurable qu'un suicide ou qu'une utilisation exagérée de l'isolement cellulaire. Tout le domaine de l'informel, notamment celui des relations humaines, échappe à la problématique des droits des détenus. À partir du moment où certains droits humains essentiels sont respectés, comment faire la démonstration de l'atmosphère d'une prison, de l'indifférence bureaucratique polie du personnel, de la méfiance entre détenus, en somme de tout ce qui fait qu'un milieu carcéral est vivable ou non? La peine privative de liberté, c'est essentiellement un ensemble complexe de relations humaines entre gardiens et gardés que le discours des droits influence bien peu. Le quotidien de la prison est fait d'autre chose que des abus que tentent de prévenir les droits des détenus. Cette dernière perspective s'occupe finalement de l'exception et non de la règle. Les droits des détenus sont incapables d'apporter une solution à un des paradoxes majeurs de l'emprisonnement, à l'aube des années 1990 : malgré des améliorations matérielles importantes, malgré un plus grand respect des droits des détenus, il n'a jamais été aussi difficile de «faire du temps» que dans les établissements dorés actuels (Lemire, 1990).

2. L'ADMINISTRATION ET LES DROITS DES DÉTENUS

Il y a vingt ans, toute allusion aux droits des détenus inquiétait grandement l'administration pénitentiaire. Dans un milieu aussi réfractaire au changement, un tel discours suscitait des résistances majeures. On n'a qu'à se rappeler combien fut longue la lutte des détenus de l'établissement Archambault pour obtenir une activité aujourd'hui bien établie : les visites-contacts et les visites intimes, dites familiales, d'une durée moyenne de trois jours. Ces activités sont entrées rapidement dans les mœurs carcérales. Non seulement les administrateurs carcéraux ne craignent plus de parler des droits des détenus, mais ils se sont jusqu'à un certain point emparés de ce discours, de telle sorte qu'aujourd'hui les organismes sociaux radicaux n'en ont plus l'exclusivité. *If you can't beat them, join them!* Le contenu du changement a posé moins de problèmes que son principe.

Voyons ce qu'en dit aujourd'hui le Service correctionnel dans son énoncé de mission (1989) :

> Cela signifie, en fait, que dans toutes nos actions, nous avons la responsabilité d'agir équitablement envers les délinquants, compte tenu du fait qu'ils conservent les droits des autres membres de la société, sauf ceux qui doivent être limités en raison de la peine qui leur a été imposée. Nous prendrons toutes les mesures pour que l'esprit de la *Charte canadienne des droits et libertés* soit respecté dans tous nos agissements.

Comparons avec ce que souhaitait Landreville à l'époque (1976) :

> À mon avis, les détenus doivent conserver tous les droits des autres citoyens, sauf celui de circuler dans la communauté.

Il est difficile de ne pas conclure que ces deux textes se rejoignent sur l'essentiel. Le Service correctionnel du Canada (1989) ajoutera, commentant la valeur fondamentale de sa mission :

> Comme nous reconnaissons la règle de droit, nous respectons les droits de tous les individus — délinquants, employé(e)s, et toutes les personnes engagées dans le processus correctionnel.

Elle est donc clairement révolue l'époque où une sentence d'emprisonnement équivalait à une mort civile. La règle de droit et la *Charte* canadienne

ont maintenant préséance. Dans son énoncé de mission, le Service correctionnel (1989) affirmera: «Nous prendrons toutes les mesures pour que l'esprit
de la *Charte canadienne des droits et libertés* soit respecté dans tous nos agis-
sements.» Garant et Halley (1990) concluent ainsi leur analyse de l'impact
de la *Charte*: «Il ne fait plus de doute que l'article 7 de la *Charte* a modifié
les garanties juridiques en matière de discipline pénale.»

En ce qui concerne les établissements provinciaux, le règlement relatif
aux établissements (1979) établit:

La privation de liberté constituée par l'incarcération et les sanctions décré-
tées par le comité de discipline sont les seules contraintes pouvant être
imposées à la personne incarcérée.

Le règlement spécifie aussi que «le fonctionnaire exerce ses fonctions
dans le respect des personnes incarcérées».

Non seulement les administrateurs ont-ils affirmé de tels principes, mais
ils ont développé des mécanismes permettant aux détenus d'en appeler des
écarts à ces droits. Le service correctionnel possède un système de grief à
trois niveaux (établissement, régional, national) dont l'efficacité a été soulignée
par le Vérificateur général du Canada (1986). Le détenu peut aussi déborder
le Service correctionnel et s'adresser à l'Enquêteur correctionnel. Au niveau
provincial, la direction de la détention a prévu dans son règlement (1979) un
système de plainte à deux étapes (établissement, direction générale). Le détenu
peut aussi aller au-delà des services correctionnels et s'adresser au Protecteur
du citoyen.

Certes, on pourrait souhaiter que l'Enquêteur correctionnel rende des
comptes au Parlement plutôt qu'au Solliciteur général et que les décisions du
Protecteur du citoyen soient exécutoires. Mais, en dernière analyse, cela ne
modifierait véritablement pas la situation car les administrations ne font guère
d'opposition au principe de ces droits. Tout d'abord, parce qu'ils ont compris
que la *Charte des droits* constituait une réalité incontournable; ensuite, parce
qu'ils ont réalisé tout le profit qu'ils pouvaient en tirer, du moins à court terme.
Reprenons l'exemple des visites familiales mentionnées auparavant. Après des
années d'opposition, le Service correctionnel a évalué rapidement, après
quelques mois d'utilisation, tout ce qu'il pouvait obtenir des détenus car, bien
sûr, ces nouveaux programmes sont liés à la bonne conduite et ont des effets
d'apaisement. Ces nouveaux droits servent en définitive à acheter la paix:
aussi aucun directeur d'établissement ne voudrait s'en priver.

Les partisans des droits des détenus ont tellement bien réussi que leur
discours a été récupéré et banalisé par l'administration carcérale.

3. DROITS ET PRIVILÈGES

La lutte pour les droits des détenus visait de façon spécifique tout le système de privilèges, si répandu en milieu carcéral, et ce qui en découlait : pouvoir discrétionnaire, rapports de force, abus d'autorité, etc. En s'attaquant à ce système, si brillamment décrit par Goffman (1968), on ne se trompait pas de cible puisqu'on allait au cœur de l'organisation pénitentiaire ; en effet, les relations gardiens/gardés prennent véritablement vie autour de ces négociations, tolérances, soumissions, récompenses et punitions (Lemire, 1990). Ce faisant, on laissait de côté le fait que le système de privilèges constituait en soi une limite au pouvoir des gardiens : si ceux-ci avaient été en situation de pouvoir absolu ou total (pour reprendre le terme de Goffman), ils n'auraient pas été dans l'obligation de faire les concessions que l'on sait pour obtenir la collaboration des détenus. Le système de privilèges établit des rapports de réciprocité et de dépendance qui, s'ils ne font pas disparaître les inégalités, établissent que les gardiens ont jusqu'à un certain point besoin des détenus pour assurer le bon fonctionnement des établissements carcéraux (Lemire, 1990). On ne sait pas si les partisans des droits des détenus visaient à rendre ces rapports égalitaires (ou les plus égaux possible) ou s'ils voulaient plus simplement s'assurer d'en faire disparaître le caractère arbitraire et incertain, de façon à ce que les règles du jeu soient clairement établies.

Il en résulte, quelque vingt ans plus tard, un système de privilèges transformé et des relations modifiées. Un nouveau concept, celui de *detotalization* (Stasny et Tyrnauer, 1982), a fait son apparition : il désigne l'éclatement de l'établissement total, la fin de l'ordre traditionnel de la prison. À travers l'analyse de la cantine (magasin de l'établissement où le détenu peut se procurer des biens de consommation), Seyler (1985) a mis en évidence qu'à la frugalité légendaire des cantines ont succédé des centaines d'articles parmi lesquels figurent en bonne place des objets de luxe. La cantine témoigne à sa façon qu'il faut désormais davantage de privilèges pour obtenir la soumission des détenus. Les privilèges semblent engagés dans une spirale inflationniste où plus on en a, plus on en veut (Lemire, 1990). Seyler (1985) écrit que « l'extension des cantines (…) c'est l'obligation de gérer des relations devenues plus complexes ».

La conséquence de cet essor magistral des privilèges, c'est « l'affaissement de la clôture » (Seyler, 1985). Le développement des privilèges diminue la spécificité de la prison et rapproche graduellement cette dernière de la société. Le détenu peut maintenant avoir accès aux produits d'une société de consommation : il a, de sa cellule, les mêmes informations et les mêmes divertissements, grâce au téléviseur et au système de son, que le citoyen dans le salon de sa maison; il peut lire les mêmes journaux et revues et suivre les mêmes modes de coiffure et d'habillement; il peut même occasionnellement retrouver la sexualité de son choix. Le niveau de vie de certains détenus dépasse celui de plusieurs citoyens démunis.

Auparavant, il était souvent de mise de comparer la prison à une ville autonome; le milieu carcéral traditionnel se suffisait à lui-même et n'avait pas besoin de la société pour fonctionner. Aujourd'hui, on constate qu'une brèche a été ouverte, qu'une osmose s'est établie et que la société est entrée en prison. Le milieu carcéral se voit privé d'une partie de son caractère d'exception et semble irrésistiblement poussé vers la normalité (Lemire, 1990). D'où la conclusion essentielle de Seyler (1985): «L'institution n'est plus la source de tout ce qui fait sens dans la vie carcérale et son caractère total est entamé.»

L'essor des privilèges fait en sorte qu'ils se rapprochent de plus en plus des droits, qu'ils se négocient à des niveaux plus élevés de la hiérarchie organisationnelle et que le gardien, par conséquent, se trouve graduellement dépossédé de son principal outil de travail. Le détenu ayant de moins en moins besoin du gardien pour «vivre en prison», la relation gardiens/gardés perd de sa signification, elle se vide progressivement de son contenu et on ne sait pas encore ce qui lui succédera. Les gardiens, plus que jamais en situation d'incertitude, optent pour une stratégie de retrait: on les retrouve de plus en plus dans les postes de contrôle et les bureaux, laissant les détenus se débrouiller entre eux (Conrad, 1977). Ce même Conrad (1977) a magnifiquement illustré cette évolution en démontrant que, d'une situation de couple (gardien-gardé), la prison est passée à un triangle (gardien-gardé-gardé), dans lequel l'interlocuteur principal du détenu n'est plus le gardien mais l'autre détenu.

La direction se trouve également affaiblie (Jacobs, 1976; Conrad, 1977). L'entrée de la société en prison a fait en sorte qu'un ensemble de groupes aux intérêts différents, sinon contradictoires, a fait son apparition et tente d'influencer la gestion carcérale (Ohlin, 1960). Tout se passe comme si plusieurs groupes et individus tiraient une même couverture dans des directions tout à fait différentes: le résultat dépend davantage du jeu des forces en présence que de la concertation et de la rationalité (Lemire, 1990).

À partir du moment où les administrations locales et centrales ont grugé une partie de son pouvoir décisionnel, où les élus du peuple ont imposé leur présence et leurs orientations, où les tribunaux ont contrôlé sa gestion, où les médias ont mis l'accent sur ses erreurs et ses échecs, la direction a perdu une grande partie de l'immense pouvoir qu'elle détenait (Stasny et Tyrnauer, 1982).

Pendant ce temps, à l'intérieur, la situation s'est compliquée: groupes de détenus aux intérêts plus diversifiés, syndicalisation du personnel, fractionnement du personnel. La direction se retrouve donc face à une gestion interne plus complexe avec des pouvoirs diminués. Cette situation fait d'elle un médiateur plutôt qu'un décideur (Lemire, 1990).

Puisque les conditions matérielles de détention se sont améliorées, puisque les privilèges ont grandement augmenté, puisque les interlocuteurs des détenus (gardiens et direction) sont devenus plus vulnérables et moins susceptibles d'abus de pouvoir, on pourrait s'attendre à ce que l'univers des détenus soit devenu plus vivable et humain.

Au contraire, ce monde se présente comme conflictuel et désorganisé, et rien ne l'illustre mieux que l'analyse de la violence interpersonnelle. On se rappellera que, traditionnellement, il s'est agi de la violence des gardiens sur les détenus; or celle-ci a considérablement diminué à partir de l'aprèsguerre pour devenir maintenant un phénomène très limité (Lemire, 1990). La violence des détenus sur la personne des gardiens a fait son apparition, mais demeure modeste (Bowker, 1980). À l'heure actuelle, la véritable violence carcérale est celle qui se déroule entre détenus (Conrad, 1976; Lockwood, 1980; Conrad, 1977). Les homicides de détenus par d'autres détenus ont atteint, au cours des deux dernières décennies, tant aux États-Unis (Sylvester et al., 1977) qu'au Canada (Jayewardene et Doherty, 1985), des sommets inégalés.

On peut trouver un indice sûr de cette violence dans l'essor des clientèles de protection, c'est-à-dire des détenus qui à leur propre demande sont placés à l'écart de la population carcérale. Traditionnellement, la clientèle de protection pouvait toucher de 1 à 2 pour cent des détenus. Or, depuis quinze ans, les choses changent et le nombre de détenus demandant protection s'accroît de façon importante (Conrad, 1977). Dans l'État de l'Illinois, 17 pour cent de la population carcérale a choisi la protection (Anderson, 1980). Au Canada, on construit de nouveaux établissements pour cette seule clientèle.

En outre, les motifs semblent être plus flous: aux motifs traditionnels (délations, dettes, délits sexuels) s'est ajoutée l'incapacité de s'entendre avec les autres détenus (Anderson, 1980). Il y a une crainte diffuse et une peur des autres, insupportables, qui font considérer l'étiquette de protection comme un moindre mal (Conrad, 1977; Lockwood, 1985). Les relations interpersonnelles sont devenues tendues, imprévisibles; même les leaders sont touchés (Conrad, 1977).

En somme, un nombre élevé de détenus préfèrent dorénavant la protection des gardiens au contact des autres détenus. Comment se fait-il que les ennemis d'hier deviennent les protecteurs d'aujourd'hui? Que se passe-t-il pour que les relations avec les gardiens soient considérées, par un nombre croissant de détenus, que rien ne destinait à ce cheminement, comme un moindre mal? Car c'est souvent dans les établissements à sécurité élevée que se recrute la clientèle de protection, donc parmi les détenus théoriquement les plus irréductibles (Lemire, 1990).

Le moins que l'on puisse dire, c'est que l'importance grandissante de la protection témoigne d'un malaise certain dans l'univers des détenus, et on ne peut éviter d'établir des liens entre cet univers de peur et l'importance de la violence carcérale que nous venons de souligner.

Nous nous retrouvons de nouveau face à cet immense paradoxe: les conditions objectives de détention n'ont jamais été meilleures, nous n'avons jamais été aussi près de la reconnaissance des droits des détenus, mais le monde des détenus demeure singulièrement désorganisé et violent. De fait, il l'est peut-être plus que jamais. L'affaissement de l'établissement totalitaire et l'avènement des droits de détenus n'auront-ils eu pour effet, en dernière analyse, que de remplacer un tyran par un autre? La tyrannie de la minorité est-elle plus légitime que celle de la majorité? Il sera intéressant de voir si les organismes spécialisés dans les droits de la personne et des détenus dénonceront les abus des détenus sur d'autres détenus avec la même vigueur qu'ils ont dénoncé ceux des gardiens.

Il en va de la crédibilité de ces organismes, comme on l'a vu lors de la crise autochtone de l'été 1990. Quand le préjugé favorable à la minorité empêche d'analyser l'ensemble de la réalité de façon objective et rigoureuse, on ne doit pas se surprendre de ne plus être écouté.

Les gens du crime organisé et les membres des gangs de motards sont certes, à l'intérieur de l'univers délinquant, ceux qui bafouent le plus les droits de la personne. Les bavures policières et carcérales ne font pas le poids et, même si on les éliminait, cela ne diminuerait que de façon marginale la violence du monde délinquant. Et pourtant, quel organisme s'est levé pour dénoncer ces abus du milieu interlope? Tout se passe comme si les lésions des droits essentiels ne méritaient d'être dénoncées que lorsqu'elles sont commises par l'autorité légitime. Il faudrait alors spécifier qu'on s'intéresse moins au respect des droits qu'aux abus des détenteurs du pouvoir formel.

Dans la meilleure des hypothèses, le discours des droits des détenus aura contribué, avec celui d'autres groupes d'intérêt bien sûr, à l'effritement de l'institution totalitaire et à l'affaiblissement de l'autorité formelle. Mais son incapacité à intervenir dans l'univers des détenus nous laisse entrevoir qu'il n'est guère apte à résoudre «le problème de ce que peut et doit être une société libérée de la menace totalitaire» (Ferry et Renaut, 1985). Si le discours des droits s'est essoufflé, c'est qu'avec la fin du totalitarisme, il ne semble pas en mesure d'«affronter la question d'une société juste, égale et libre» (Ferry et Renaut, 1985). Sa lutte CONTRE ne s'est pas transformée en lutte POUR.

4. LIMITES DU JURIDISME

L'une des caractéristiques majeures de notre époque, c'est l'explosion des libertés et l'éclatement des mécanismes de contrôle traditionnels (Crozier et Friedberg, 1977). Il est bien sûr que le discours des droits de la personne y a contribué, en prison comme en société. En formalisant les règles du jeu et en circonscrivant les rapports de pouvoir, on a mis à la disposition des citoyens les moins privilégiés des ressources essentielles assurant la satisfaction des besoins fondamentaux. Mais, comme dit Dufresne (1987): «(La règle de droit) fait passer le processus avant le résultat, la compétence avant la conscience, la forme avant la substance.» Dufresne (1987) cite Henri Brun, professeur à la faculté de droit de l'université Laval:

> Une *Charte* omniprésente, parce qu'interprétée dans l'abstrait et l'absolu, entraînera l'usure des droits qu'elle est censée servir. Plus encore, elle sera source d'une injustice croissante au profit des plus forts, des plus puissants, des mieux organisés et des mieux nantis, au lieu d'assurer d'abord et avant tout, comme elle se doit, la protection des plus vulnérables. Bien loin d'engendrer une société plus juste, plus sécuritaire et plus douce, c'est une société d'affrontements et de conflits qu'elle favorisera, une société fondée sur la réclamation maximale des droits et l'accomplissement minimal des devoirs.

Le légalisme ne peut régler la qualité des rapports humains puisqu'il ne s'intéresse pas au contenu. La personne n'existe pour lui que comme entité juridique, abstraite et désincarnée. Pour reprendre Dufresne (1987), la règle de droit est incapable de dépasser une «rationalité technique». À la limite, il n'y a rien de moins humain que le juridisme. Voilà qui place en meilleure perspective ce que nous affirmions plus tôt dans cet article: même si les droits des détenus n'ont jamais été aussi respectés que maintenant, même si les conditions matérielles de détention n'ont jamais été meilleures, il est plus difficile que jamais de purger une peine privative de liberté.

Les administrations pénitentiaires ne se privent pas de cette «rationalité technique», si facile pour elles à contrôler. Elles se débrouillent beaucoup plus aisément dans cette mécanique que dans la gestion de rapports humains de qualité. Il est plus simple de respecter certains droits que de rendre les prisons «vivables». On peut même se demander si le discours des droits, si brillam ment récupéré par l'administration carcérale, n'est pas devenu autre chose que de la poudre aux yeux servant à détourner l'attention des vrais problèmes.

Dès lors, une question mérite d'être posée : le discours des droits a-t-il bien eu, en prison, l'utilité que nous lui avons prêtée jusqu'à maintenant ? Ce n'est pas évident. Pour mieux comprendre la situation, il faut se reporter à 1970. Le milieu pénitentiaire venait de connaître deux décennies de développement intense. C'est en effet durant la période de l'après-guerre que se sont développés les établissements à sécurité réduite, lesquels constituaient en soi une amélioration notable des conditions de détention si on les compare aux forteresses à sécurité maximale de l'époque. Ces nouveaux développements s'appuyaient sur une volonté clairement affirmée de mettre l'accent sur la réhabilitation et la réinsertion sociale des délinquants. Si on utilise la typologie de Stasny et Tyrnauer (1982), il s'agissait du passage de la prison de l'entreposage à l'établissement rééducatif.

Et c'est la prison rééducative qui, la première, a mis fin à la mort civile du détenu en le définissant comme un citoyen susceptible de réintégrer la société avec succès. C'est elle qui a modifié le rapport traditionnel gardiens/gardés en introduisant le professionnel des sciences humaines destiné à aider le détenu. C'est de cette époque aussi que datent la fin de l'autosuffisance totalitaire du milieu carcéral et l'entrée de la société en prison en tant qu'élément essentiel de la réinsertion sociale.

On ne se trompe guère en affirmant que la période de la prison rééducative est responsable de ce qui constitue encore aujourd'hui les principales améliorations qu'a vécues ce milieu. Si la prison a pu avoir une certaine humanité, c'est à cette époque. Les droits des détenus n'ont donc rien inventé : ils ont plutôt profité de conditions favorables créées par d'autres. Et, en franchissant une porte déjà ouverte, ils ont pu développer certains dossiers intéressants, mentionnés dans la première partie de l'article. Leur erreur fut sans doute de joindre la perspective abolitionniste. C'était bien tentant puisqu'il s'agissait d'un discours dominant durant les années 1970. Or, ce discours abolitionniste avait parmi ses cibles principales la prison rééducative et il est en partie responsable de la défaveur qui est le lot de la réhabilitation et de la réinsertion sociale depuis lors. En privilégiant une perspective abolitionniste et, par conséquent, un discours anti-réhabilitation, il a contribué à neutraliser les sciences humaines et à renforcer la perspective légale. Il a fait en sorte que l'avocat devienne plus important que le criminologue. Au pouvoir discrétionnaire du dernier, il a préféré la rationalité abstraite du premier. Dès lors, faut-il se surprendre que l'humanité des prisons soit si peu évidente à l'heure actuelle ? Même les criminologues jouent maintenant le jeu si rassurant du légalisme et de la bureaucratie.

À la prison rééducative a succédé l'anarchie actuelle dont la violence entre détenus est une des principales manifestations. Le discours des droits des détenus, par son choix de l'abolitionnisme, a contribué à défaire d'une main ce qu'il tentait de construire de l'autre. Il a en quelque sorte sapé sa propre action.

Au-delà des niveaux matériel et technique, qui peut parler de progrès au cours des vingt dernières années? Sur le plan humain, il convient davantage de parler de régression. En s'éloignant de la prison rééducative, on a mis de côté le seul «souffle humaniste» (Pires, 1987) à avoir inspiré la gestion de la prison. Aux détenus-numéros des établissements totalitaires, on a substitué des abstractions juridiques. Les tenants des droits des détenus se sont davantage préoccupés de l'être humain que des êtres humains. Des perspectives légales, qui ne sont somme toute que des moyens, sont devenues des fins. De quel progrès s'agit-il?

5. UN DISCOURS AMBIGU ET UN RÉSULTAT INCERTAIN

Avec le recul, on comprend que le discours des droits des détenus ne s'intéressait que partiellement aux détenus. C'est que sa véritable cible était de plus en plus la prison. On se préoccupait plus d'un système que des personnes. «C'est l'existence même de la prison qu'il faut maintenant remettre en question» (Landreville, Gagnon et Desrosiers, 1976). En effet, se contenter de dénoncer les erreurs et les abus permet à la prison de les corriger et finalement de s'améliorer: une telle optique, réformiste, ne fait que renforcer l'existence de la prison. Ce n'est pas ce qui intéresse les abolitionnistes, au contraire. Pour justifier l'abolition de la prison, on doit démontrer son inutilité et ses atrocités. Dans cette perspective, il n'est pas souhaitable que la prison s'améliore: cela contredit l'argumentation. C'est sans doute pour cette raison qu'on n'a guère entendu les tenants des droits des détenus vanter les mérites de certains programmes d'étude ou socio-culturels, dont même les détenus reconnaissent la qualité (Pinsonneault, 1985). Il serait sans doute dans l'intérêt des détenus que l'on mette l'accent sur les réussites du système carcéral et qu'on fasse pression pour que ces succès soient développés. L'intérêt des abolitionnistes ne va pas dans ce sens. On privilégie un objectif à plus long terme, même si, dans l'immédiat, on doit négliger des gens. Pour les tenants de l'abolitionnisme et les radicaux des droits des détenus, les vivants offrent moins d'intérêt que les morts à partir desquels ils construisent des dossiers-chocs (suicides, homicides par les policiers). Les deux discours, droits des détenus et abolitionnisme, ne sont donc pas obligatoirement compatibles. À court terme, ils sont même souvent contradictoires.

À long terme, rien n'est joué. Il se peut que l'accroissement des privilèges et des droits exerce une pression telle sur la prison qu'on assiste à son éclatement. Les abolitionnistes auraient alors eu raison. Il se peut aussi que l'éclatement totalitaire mène à un autre modèle de gestion de la peine privative de liberté. Certains établissements rééducatifs pour jeunes délinquants en font la démonstration. On ne peut parler, par exemple, pour Boscoville d'établissement coercitif totalitaire, et pourtant c'est essentiellement d'une prison qu'il s'agit. Certes, on ne peut prétendre que les prisons de l'avenir pourront toutes être de ce calibre. Mais ce que cet exemple permet d'établir, c'est que la fin du totalitarisme en milieu carcéral ne mène pas obligatoirement à la fin de l'emprisonnement.

En conclusion, si on ne peut nier que le discours des droits des détenus ait produit certains résultats positifs, son utilité a finalement été plutôt réduite et, sous certains aspects, il y a lieu de parler d'effets contre-productifs. Le discours ne semble pas en mesure de jouer un rôle déterminant dans la vie quotidienne de la prison et encore moins de combler le vide actuel qu'on y observe et qui n'est guère à l'avantage des détenus.

Cela annonce peut-être la fin d'une époque (et nécessitera d'ailleurs une analyse séparée). Vingt ans de discours abolitionniste, d'«alternatives» à l'emprisonnement et de droits des détenus (puisque finalement tout cela se tient) ont mené à des prisons plus surpeuplées et toujours aussi conflictuelles, sans véritable vocation, où domine le plus souvent l'entreposage humain. Le temps est venu de demander des comptes. *Nothing works!* On a été moins patient avec la rééducation.

BIBLIOGRAPHIE

ANDERSON, D. C. (1980), «The Price of Safety», *Corrections Magazine*, vol. 6, n° 4, pp. 6-15.

BERNHEIM, J. C. (1987), *Les Suicides en prison*, Montréal, Éditions du Méridien.

BOWKER, L. H. (1980), *Prison Victimization*, New York, Elsevier.

CONRAD, J. P. (1976), «The Beast Behind the Wall», dans A. K. Cohen, G. F. Cole, R. G. Bailey (éd.), *Prison Violence*, Toronto, Lexington Books.

CONRAD, J. P. (1977), «The Survival of the Yearful», dans J. P. Conrad et S. Dinitz (éd.), *In Fear of Each Other*, Toronto, Lexington Books.

CROZIER, M., FRIEDBERG, E. (1977), *L'Acteur et le système*, Paris, Éditions du Seuil.

DIRECTION GÉNÉRALE DE LA PROBATION ET DES ÉTABLISSEMENTS DE DÉTENTION (1979), *Lois et règlements relatifs aux personnes incarcérées*, Québec, Éditeur officiel du Québec.

DUFRESNE, J. (1987), *Le Procès du droit*, Montréal, Institut québécois de recherche sur la culture.

FERRY, L., RENAUT, A., (1985), *Des droits de l'homme à l'idée républicaine*, Paris, Presses universitaires de France.

GAGNON, A., DUMONT. H. (1976), «Parthenais, début d'une lutte», *Criminologie*, vol. IX, n°s 1-2, pp. 163-188.

GARANT, P., HALLEY, P. (1990), «L'article 7 de la Charte canadienne et la discipline carcérale», *Revue générale de droit*, vol. 20, juin 1990, pp. 599-646.

GOFFMAN, E. (1968), *Asiles*, Paris, Minuit.

JACOBS, J. B. (1976), «Prison Violence and Formal Organization», dans A. K. Cohen, G. F. Cole et R. G. Bailey (éd.), *Prison Violence*, Toronto, Lexington Books.

JAYEWARDENE, C. H. S., DOHERTY, P. (1985), «Individual Violence in Canadian Penitentiaries», *Revue canadienne de criminologie*, vol. 27, n° 4, pp. 429-439.

LANDREVILLE, P., GAGNON, A., DESROSIERS, S. (1976), *Les Prisons de par ici*, Montréal, Éditions Parti Pris.

LANDREVILLE, P. (1976), «Les détenus et les droits de l'homme», *Criminologie*, vol. IX, n°s 1-2, pp. 107-117.

LEMIRE, G. (1990), *Anatomie de la prison*, Montréal, Presses de l'Université de Montréal.

LOCKWOOD, D. (1980), *Prison Sexual Violence*, New York, Elsevier.

LOCKWOOD, D. (1985), «Issues in Prison Sexual Violence», dans M. Braswell, S. Dillingham et R. Montgomery (éd.), *Prison Violence in America*, Cincinnati, Anderson.

OHLIN, L. (1960), «Conflicting Interests in Correctional Objectives», dans R. Cloward, *et al.* (éd.), *Theoretical Studies in the Social Organization of the Prison*, New York, Social Science Research Council.

PINSONNEAULT, P. (1985), «L'abandon de la carrière criminelle», *Criminologie*, vol. XVIII, n° 1, pp. 85-116.

PIRES, A. (1987), «La réforme pénale au Canada: l'apport de la Commission canadienne sur la détermination de la peine», *Criminologie*, vol. XX, n° 2, pp. 11-55.

SERVICE CORRECTIONNEL DU CANADA (1989), *La Mission du Service correctionnel du Canada*, Ottawa, Ministère des Services et Approvisionnements.

SEYLER, M. (1985), *La Consommation dans les établissements pénitentiaires*, Paris, CESDIP.

STASTNY, C., TYRNAUER, G. (1982), *Who Rules the Joint?*, Toronto, Lexington Books.

SYLVESTER, S. F., REED, J. H., NELSON, D. O. (1977), *Prison Homicide*, New York, Spectrum.

VÉRIFICATEUR GÉNÉRAL DU CANADA (1986), *Rapport du Vérificateur général du Canada à la Chambre des communes*, Ottawa, Ministère des Approvisionnements et Services.

LA RÉFORME PÉNALE ET LA RÉCIPROCITÉ DES DROITS
Alvaro P. Pires*

This letter deals with two major questions. The first shows how the «program» of criminology which emerged in the 19th century contributes to a neutralisation of the impact of discussions concerning human rights in the case of punishment. To do this, the author compares two paradigms of penal reform. The second question tries to clarify the relations established in Quebec between the rights of prisoners and abolitionist alternatives from 1975 on.

Le mot «incarcérées», dans l'expression «droits des personnes incarcérées», est souvent trompeur, car trop restrictif, lorsqu'il est employé pour caractériser les mouvements sociaux et groupes qui se sont occupés de cette question. En effet, ils ont aussi souvent revendiqué des droits pour les personnes accusées et en détention avant jugement (exigeant la réduction du recours à la détention, etc.), aussi bien que pour les personnes ayant purgé leur peine (victimes de discrimination en raison d'un casier judiciaire, etc.). Ces mouvements se sont aussi engagés contre l'emprisonnement à défaut de paiement d'amende et en faveur d'une série de réformes qui n'étaient pas exclusivement rattachées à la vie interne de la prison (révision des règles en matière de libération conditionnelle, etc.). Ces groupes se sont donc occupés des limites du droit de punir.

En outre, il faut attirer l'attention sur le double sens du terme «droit». En effet, ces mouvements ont revendiqué des réformes relevant de deux catégories de droits: des *droits-résistances* (droit de...) et des *droits-créances* (droit à...)[1]. En gros, les droits-résistances visent à garantir une zone d'autonomie individuelle: droit de vivre, droit de circuler, droit de vote, droit de s'exprimer, droit de choisir et de pratiquer sa religion, droit d'être protégé contre l'emprisonnement arbitraire, les châtiments cruels, etc. D'une part, ces droits-résistances limitent l'ingérence de l'État (et des particuliers) dans la vie privée des individus et, d'autre part, ils assurent des moyens d'action aux individus. Au Canada, par exemple, on a accordé beaucoup d'attention aux tribunaux disciplinaires en prison (Dumont et Landreville, 1973; Jackson,

---

* Directeur, Département de criminologie, Université d'Ottawa, Pavillon Tabaret, Ottawa (Ontario) K1N 6N5.
1. Sur cette distinction, voir Mourgeon (1978), Loschak (1984), Pires et Vallières (1986, pp. 80-82).

1974), à l'usage abusif de l'isolement cellulaire (Jackson, 1983; Hattem, 1984), etc.

Les droits-créances visent surtout à promouvoir le mieux-être social des groupes défavorisés. Ils relèvent donc des *services* : droit à l'éducation, droit au travail rémunéré, droit aux services médicaux, droit à l'information, droit à une bonne alimentation, etc. Or, lorsqu'on pense aux mouvements des droits des personnes incarcérées, on oublie souvent ces «droits aux *services*», et ce malgré leur importance pour ces mouvements.

Enfin, lorsqu'on traite de cette question, il convient aussi de ne pas oublier qu'il y a eu plusieurs groupes et personnes concernés par ces droits, et par la réforme pénale en général, et qu'il ne s'agit pas ici d'un ensemble homogène : ces groupes et personnes n'ont pas nécessairement mis en valeur les mêmes (types de) droits, n'ont pas adopté les mêmes positions théoriques ou les mêmes stratégies d'action, ni n'ont affiché, le cas échéant, les mêmes couleurs politiques sur la société en général. Il y a aussi une différence, parfois difficile à cerner, entre les groupes formés (ou très proches) de personnes ayant eu des démêlés avec la justice et les groupes ou personnes œuvrant de manière plus détachée. Qui plus est, la portée et le contenu des revendications des différents mouvements ont varié énormément dans le temps et dans l'espace. Il est donc très difficile, voire périlleux, de faire une évaluation globale de ces mouvements, ou même d'un seul de ces mouvements, sans tenir compte de toutes ces dimensions et du contexte historique où se sont insérées leurs revendications.

Ma démarche ne contribuera pas beaucoup à résoudre ces difficultés. Je n'ai pas l'intention de répondre à des questions telles : «Que doit-on entendre par droits des personnes incarcérées?», «Depuis quand existe-t-il des personnes préoccupées par ces droits?», «Ces mouvements ont-ils apporté une contribution valable à la justice pénale?», «Peuvent-ils résoudre les problèmes posés par la prison?», etc. Je ne peux pas non plus répondre à la question : «La prison est-elle encore une institution ''totale'' (au sens de Goffman), ou est-elle devenue une autre sorte d'institution et comment la désigner (''ouverte'', démocratique, etc.)?» Car la réponse à cette question appelle des développements importants, à commencer par un examen de la notion même d'«institution totale». Il faut cependant se rappeler que pour Goffman (1961, pp. 46-47), il y a cinq groupes différents d'institutions «totales» et que même les organismes qui prennent en charge les personnes inoffensives et jugées incapables de subvenir à leurs besoins (par exemple les foyers pour vieillards) font partie de ce type d'institutions. Si l'on suit Goffman il me semble donc qu'il y a très peu de chances que l'on puisse dire, sans se méprendre, que la prison n'est plus une institution totale, même s'il y a différents types de prisons et même si elles ont subi des changements au fil des années. Aussi ne me semble-t-il pas possible d'établir un lien entre la notion d'institution totale et les changements observés dans les prisons.

Les développements qui suivent vont, au contraire, s'articuler autour de deux questions majeures. La première vise à montrer comment le programme de réforme criminologique proposé au XIXe siècle contribue à amortir, voire à neutraliser l'impact du discours sur les droits de la personne lorsqu'il s'agit de «justiciables[2]». Elle a une portée théorique générale et nous aidera à mieux comprendre la raison d'être de la question des droits des justiciables et ses rapports avec les orientations en matière de réforme du droit criminel. J'attirerai ici l'attention sur l'existence de deux «paradigmes» opposés de réforme pénale dès le XIXe siècle.

La deuxième question vise à élucider les rapports qui se sont établis, au Québec, entre les droits des personnes incarcérées et les «options abolition-nistes» à partir du milieu des années 1970. On sera alors aussi en mesure d'évaluer la portée et les limites d'une critique qui fut adressée à ceux qui se sont occupés de ces questions, à savoir qu'ils ne s'intéressaient pas vraiment au sort des personnes incarcérées. La question ici est la suivante: Pourquoi certains auteurs et praticiens en sont-ils venus, au Québec, à préconiser l'«abolition» plutôt que l'amélioration des prisons et quelle signification doit-on donner à leurs prises de position? Je présenterai d'abord quelques remarques générales sur l'évolution de la problématique des droits des personnes incarcérées au Québec, puis j'introduirai quelques éléments relatifs au contexte des prises de position à ce moment. Il est entendu que ma réponse à la question posée ci-dessus ne sera pas exhaustive.

En conclusion, je proposerai une réflexion sur les limites des divers «humanismes» des théories de la peine, puisque cette question est récurrente, de manière explicite ou implicite, dans le débat sur la prison et sur la réforme pénale.

1. LE PROGRAMME DE LA CRIMINOLOGIE POSITIVISTE ET LE SILENCE SUR LES DROITS

Je me propose d'explorer ici deux questions étroitement reliées: Comment peut-on expliquer le fait que la question des droits des personnes

---

2. À défaut d'une désignation plus appropriée, le terme «justiciable» désigne ici toute personne ayant eu des problèmes avec la justice pénale. Tous les termes actuellement employés pour désigner ces personnes (criminels, contrevenants, etc.) soulèvent à mon avis un certain nombre de problèmes.

incarcérées n'ait pas été discutée de façon soutenue au XIXᵉ siècle alors que ces droits étaient radicalement bafoués et qu'on proclamait en même temps, dans d'autres domaines, les vertus des droits de la personne? Quels sont les rapports entre, d'une part, les objectifs que nous accordons au droit (criminel) et, d'autre part, notre conception des droits des justiciables, des victimes et de la société, et nos orientations en matière de réforme pénale en général?

D'abord, je veux attirer l'attention sur le formidable effet de «colonisation» que les théories de la peine (de la rétribution, de la dissuasion, de la réadaptation, de la neutralisation) ont exercé sur notre façon de concevoir les sanctions et les orientations de «politique juridique» en matière pénale. Mon hypothèse de travail est que *toutes* les théories de la peine ont contribué à renforcer la dimension stigmatisante véhiculée par le droit criminel et à légitimer un usage abusif de la prison. Ensuite, je veux dégager le «réseau» des perceptions et (l'ordre) des valeurs qui furent créées par l'acceptation du programme criminologique positiviste au XIXᵉ siècle[3], réseau dont nous ne sommes pas encore entièrement sortis. On sait que la criminologie s'est développée en partie par opposition à la pensée classique du siècle des Lumières. Je mettrai l'accent sur la nouvelle image des justiciables et sur la priorité donnée à cet objectif de guerre à la criminalité.

La pensée classique affirmait, sous l'influence du christianisme, de l'humanisme et de la théorie libérale, que toutes les personnes étaient égales, libres et rationnelles. Rien ne distinguait fondamentalement le justiciable de sa contrepartie, l'individu respectueux des lois. La différence de conduite ne révélait rien au-delà d'elle-même: «*in classical jurisprudence, the only difference between criminal and non-criminal is a contingent event: one has chosen, on occasion, to behave in a criminal fashion, whereas the other has not*» (Garland, 1986, p. 90). Certes, la conception classique pouvait aussi accorder une dimension stigmatisante à la peine, comme fut le cas de la théorie rétributiviste de Kant (Pires, 1990a). Mais l'image qu'elle se faisait de la personne condamnée n'était pas fondamentalement différente de celle de la personne respectueuse des lois. Le programme criminologique va ajouter à cette tendance à imposer une sanction pénale stigmatisante une tout autre vision du justiciable. Celui-ci sera vu et présenté comme un être différent des personnes respectueuses de la loi. Le justiciable est alors conçu comme biologiquement, psychologiquement ou socialement anormal, une véritable *species generis humani*. Il est, par définition, un être «moralement pathologique». Le constat d'anormalité ressort automatiquement de la conduite illégale. Mais, pour ces réformateurs, il est possible de découvrir le «criminel» avant son

---

3. Nous renvoyons le lecteur à l'excellente analyse de Garland (1986, pp. 73-111).

acte. Car l'acte n'est qu'un symptôme de son «état criminel». Garofalo (1914, p. 226) exprime joliment ce postulat lorsqu'il affirme:

> *Suppose, for example, that a criminal breach of trust is committed by a man who had hitherto followed an honest calling and been in the receipt of an adequate income. Nothing in his previous conduct, let us say, or in his conditions of life, appears in any way to be capable of impelling him to crime. Yet, it will not do to say, because of this fact, that we are here dealing with a normal man. Hardly anything could be more inaccurate, in my opinion, than the adage: «Occasion makes the thief.» To be true, the phrase should be: «Occasion enables the thief to steal.»*

Or, ce nouveau statut ontologique des justiciables contribue à conserver un régime et à créer un espace juridiques particuliers pour ce groupe de personnes *sans que cela heurte la conscience éthique collective* à un moment où le droit en général affirmait les nouvelles valeurs démocratiques et proclamait à voix haute les nouveaux droits de la personne. En effet, cette discrimination à l'égard des justiciables apparaissait alors comme légitime et entièrement justifiée par la nature des choses. La criminologie a donc contribué à conserver une série de règles juridiques d'exclusion (qui remontait à certaines expériences anciennes du droit) qui disqualifie ces personnes comme sujets de droits, et ce à un moment où on consolidait les conquêtes démocratiques. Comme cette ouverture démocratique soudaine de l'ensemble de la structure sociale au citoyen ordinaire (accès à la participation politique, à la fonction publique, au service militaire, au jury, etc.) allait à l'encontre des règles qui gouvernaient la société médiévale, elle était perçue comme à la fois attirante et menaçante (Pires, 1983, pp. 45-56). On a limité alors cette ouverture en introduisant d'innombrables exceptions à la règle du «égal pour tous» et en cherchant à mieux les justifier (Pires, 1983, p. 321).

D'un autre côté, comme l'a souligné Garland (1986, p. 103), le programme criminologique permettait de créer et de justifier l'adoption d'une forme juridiquement molle, c'est-à-dire sans limites strictes, de régulation sociale à l'égard des justiciables. Au lieu de la simple prohibition de certains actes, le programme criminologique demandait et justifiait une inspection et un contrôle des individus eux-mêmes (*ibid.*). La prison va constituer le lieu par excellence où s'exercera cette forme molle de régulation sociale. Mais attention: le criminologue n'est pas pour autant un loup-garou qui erre dans les prisons en quête de leur chair humaine! Beaucoup de philanthropes sont *vraiment* des humanistes. Mais leur humanisme fait silence sur les droits. Même à l'époque où les témoins oculaires nous abreuvent de descriptions des prisons propres à nous faire dresser les cheveux sur la tête, l'humanisme n'en demeure pas moins présent. C'est d'ailleurs en partie lui qui a motivé ces descriptions. Mais Laplante (1989, pp. 111-121) nous montre bien ce qu'il advient des bonnes intentions et des humanismes lorsqu'ils accordent la priorité à la mission de «combattre le criminel» conçu, en plus, comme un ennemi et un être anormal.

On trouve un exemple flagrant de cet «humanisme sans droits» dans ces débats pénologiques sur les grands systèmes pénitentiaires (auburnien et pennsylvanien) qui ont passionné les réformateurs pendant la première moitié du XIXᵉ siècle. Si l'on se donne la peine de parcourir ce débat, on voit bien comment les réformateurs sont surtout absorbés et intéressés par une question d'efficacité : comment réduire le taux de criminalité et de récidive? Il est surprenant de constater le silence sur les droits alors même qu'on tente toutes sortes d'expérimentations sur des personnes. Et ce n'est pas un simple problème de «mentalité de l'époque», car au même moment, hors de cette chasse-gardée des réformateurs, on affirme les valeurs démocratiques et on discute beaucoup des droits. S'il est un trait caractéristique de cette «mentalité de l'époque», c'est bien le refus d'étendre les droits de la personne aux justiciables. Il est quand même remarquable de constater à cet égard que même l'auteur de *De la démocratie en Amérique* (1835-1840) n'a pas engagé une lutte pour la défense des droits des personnes incarcérées lorsqu'il a écrit, avec Beaumont, le *Système pénitentiaire* (1833-1845). Bien au contraire, il a justifié une prison répressive, dissuasive, rigoureuse et «sans droits» à proprement parler[4]. Et pourtant, il s'est bien rendu compte de la sévérité et du «spectacle du plus complet despotisme» (Beaumont et Tocqueville, 1845, p. 196) offert par les prisons américaines (voir aussi Perrot, 1984, p. 43).

En fait, le programme criminologique émergeant va contribuer fortement à atténuer, voire à effacer la ligne de démarcation entre «pénalité» et «pouvoir arbitraire», abus de pouvoir. Les adeptes de ce programme vont d'ailleurs éviter (jusqu'à la fin des années 1960) d'entamer une discussion systématique sur les droits, et ce même si on assiste à quelques changements notables dès la fin du XIXᵉ siècle. La criminologie a donc contribué à la création d'un véritable *no man's land* ou presque, en matière d'exercice et de formes du pouvoir de punir. C'est cela qui a permis le développement de ce que Garland (1986, p. 90) a appelé un «correctionnalisme», un «interventionnisme» et un «étatisme» poussés à l'outrance. Ainsi, pour Garofalo, comme pour les autres représentants du programme criminologique, «la forme logique de la réaction contre le crime» (Garofalo, 1914, pp. 219-220) est l'élimination ou l'exclusion : *«herein the state will be simply following the example of nature»*. Et il y a quatre principales formes d'exclusion ou d'élimination : la peine de mort, l'emprisonnement (en vue de réadapter), le bannissement ou la transportation

---

4. Sur la pensée pénologique de Tocqueville, voir l'excellent article de Perrot (1984).

et l'expulsion de la personne de sa situation sociale particulière (par exemple en le radiant de sa profession).

Dans ce contexte, les mouvements de défense des droits des justiciables doivent être vus d'abord et avant tout comme une forme de réaction contre cette tendance à disqualifier les personnes ayant eu des démêlés avec la justice pénale, à délaisser la question des limites du droit de punir et à gommer les lignes de démarcation entre les formes de pénalité acceptables et le pouvoir arbitraire, entre les types de pénalité recevables et non recevables, etc.

Mais les mouvements pour les personnes incarcérées ont eu aussi à réagir, si l'on peut dire, contre une autre idéologie plus spécifique: celle des théories de la peine[5]. Je ne retiens pour l'instant qu'un seul point qui est directement relié à mes propos, en l'occurrence la revendication des «services» (droit à...) pour les personnes incarcérées. Logiquement parlant, c'est la théorie de la dissuasion qui fait obstacle ici, particulièrement dans la version soutenue par Bentham (1791). En effet, c'est à cette théorie que l'on doit la tristement fameuse «règle de la sévérité» (*principle of the less eligibility*) qui devrait gouverner les conditions de vie dans le pénitencier. Devenue leitmotiv de la pénologie carcérale, cette règle statuait, entre autres choses, que l'on ne devait pas rendre la condition des personnes incarcérées meilleure que celle des individus de la classe la plus pauvre dans la société (Bentham, 1791, pp. 20-21). Car la maison de pénitence qui ne répondrait pas à cette condition «n'aurait pas ce caractère de peine qui doit effrayer celui qui est tenté de commettre un crime». Selon la représentation imaginaire que le criminologue avait alors des pauvres et des pouvoirs magiques de la peine, si la prison n'était pas affreuse, tous allaient se précipiter pour commettre des crimes et sacrifier volontiers leur liberté afin de jouir du «confort enviable» de la prison. Parler d'améliorer les services et les conditions de vie pour les personnes incarcérées n'allait donc pas de soi: on se heurtait, et l'on se heurte encore, entre autres choses, à cette représentation de la «prison-bonbonnière[6]». Les mouvements pour les personnes incarcérées ont dû rappeler doucement au début que si l'on met un animal en cage, on est quand même plus responsable de sa vie que si l'on le laisse mourir dans la nature (Landreville, Gagnon, Desrosiers, 1976, pp. 117-118). Cependant, le plus embarrassant est que plusieurs représentants de la théorie de la réadaptation ont aussi accepté, à différents degrés, ce critère de la théorie de la dissuasion. En effet, ce que l'on trouve, le plus souvent, c'est un amalgame confus de l'idée d'intimidation avec celle de réadaptation (Laplante, 1989, p. 114).

---

5. J'ai traité en partie de cette question ailleurs (Pires, 1990a; 1990b).
6. L'expression «bonbonnière» est peut-être de Tocqueville (Perrot, 1984, p. 21).

Nous allons maintenant examiner deux «paradigmes» concurrents de politique juridique au XIXe siècle. Je qualifierai le premier de «paradigme de l'éthique compréhensive» (*full ethics*) ou «de la réciprocité des droits» et le deuxième, de «paradigme de l'éthique totale» (*total ethics*) ou «de la guerre contre la criminalité» (Pires, 1990b).

1.1 LE PARADIGME «DE L'ÉTHIQUE COMPRÉHENSIVE» (OU DE LA RÉCIPROCITÉ DES DROITS)

J'illustrerai le premier paradigme à partir d'un essai de Spencer (1860) intitulée «Prison-Ethics». Certains de ses arguments sont aujourd'hui anachroniques et on doit le lire en conservant à l'esprit son contexte. Les thèses soutenues dans cet essai ne seront pas retenues par le programme criminologique positiviste. Pour emprunter l'expression d'Edgar Morin, il s'agit donc d'un véritable «paradigme perdu».

Le titre est significatif, puisqu'il désigne les prisons comme point d'ancrage pour une réflexion sur la question des droits. Mais il est aussi trompeur, puisqu'il porte plutôt sur la réforme pénale que sur la prison. En effet, l'objectif de Spencer (1860, p. 187) est d'établir un «*code of prison-ethics*» capable de servir de guide à la *réforme pénale dans son ensemble*. À ses yeux, il s'agit beaucoup plus d'une question d'éthique que de droits. Son point de départ est qu'il convient de déterminer, dans l'évaluation d'une situation, *à la fois* ce qui est «*relatively right*», compte tenu des contraintes du moment, et ce qui est «*absolutely right*»: «*That is to say, though we must ever aim to do what is best to the present times, yet we must ever bear in mind what is abstractedly best; so that the changes we make be towards it, and not away from it*» (p. 153). ...«*the ethics of immediate experience must be enlightened by abstract ethics, to ensure correct guidance*» (p. 157). La règle structurant ce paradigme est donc claire: il faut faire le mieux possible dans une conjoncture donnée, sans perdre de vue ce qui serait l'idéal à réaliser. En d'autres mots, il faut se garder de la tentation de décrire ce que nous jugeons la meilleure solution possible compte tenu des circonstances comme si c'était la solution idéale. Et inversement, si l'on rêve exclusivement à l'idéal, on a peu de chances d'infléchir les pratiques. Spencer se propose alors d'étudier la justice pénale à la lumière de ce principe général.

Il pose ensuite les questions fondamentales suivantes: «*Where is the method which will enable us to say what kind of punishment is justified by absolute morality, and what kind is not?*» (pp. 162-163); «*Where is the basis of our right to coerce the criminal? (p. 165)*»; «*What is the legitimate extent of the coercion?*»

Pour Spencer, il y a *deux principes fondamentaux* dictés par la moralité absolue qui autorisent la coercition. Le premier exige le dédommagement ou la compensation, c'est-à-dire qu'il demande que l'on répare, dans la mesure du possible, le mal que nous avons fait:

> *(...) the first thing to be required of the transgressor is, that he shall put matters as nearly as may be in the state they previously were. The property stolen shall be restored, or an equivalent for it given. Any one injured by an assault shall have his surgeon's bill paid, compensation for lost time, and also for the suffering he has borne* (Spencer, 1860, p. 166)[7].

Le deuxième principe autorisant la coercition est celui de la protection (générale) dans le cadre d'une intervention minimale. Ce principe vise à prévenir, lorsque cela se justifie raisonnablement, le risque de nouvelles agressions (graves). Mais Spencer souligne à maintes reprises que la moralité absolue n'autorise aucune autre forme de restriction:

> *(...) no gratuitious inflictions of pain, no revengeful penalties(...) We must permit him to live as completely as consists with social safety. It is commonly said that the criminal loses all his rights. This may be so according to law, but it is not so according to justice* (pp. 166-167).

Spencer signale que l'obligation du dédommagement n'a rien de bénin ou de léger: *«while equity forbids us to punish the criminal otherwise than making him suffer the natural consequences* (exigées par le dédommagement), *these, when rigorously enforced, are quite severe enough»*. Et ceci est d'autant plus vrai qu'il pense qu'en raison de la pauvreté du justiciable le dédommagement va obliger le recours à l'emprisonnement dans la grande majorité des cas.

Suivant la conception de Spencer, la prison ne devrait avoir que deux finalités: une finalité première de mesure auxiliaire du dédommagement (qui tendrait probablement à diminuer avec l'amélioration des conditions de vie des classes les plus pauvres) et une finalité (marginale) de protection dans un nombre limité de cas (et pendant une période également limitée). Mais, selon lui, à son époque, la prison serait presque inévitable parce que très peu de gens seraient en mesure de dédommager les victimes. C'est probablement pour cette raison qu'il ne présente pas explicitement le dédommagement comme une véritable alternative à la prison.

Par ailleurs, compte tenu de ces finalités éthiques et sociales de caractère général, et de ses distances vis-à-vis les théories de la peine, la prison ne

---

7. Ce principe fut soutenu de manière plus précise et actuelle par Del Vecchio (1951).

devrait imposer à la personne incarcérée aucune restriction abusive et devrait lui donner, tout particulièrement, l'occasion de travailler, d'être rémunéré (selon les critères de la vie en liberté) et de disposer des fruits de son travail. Spencer juge alors que les limites du droit de punir, en ce qui concerne la *qualité* des restrictions, sont très claires : rien au-delà du dédommagement ou de ce qui est nécessaire pour l'obtenir ou pour garantir une certaine protection. Il voit cependant une difficulté supplémentaire relative à la détermination de la durée de la peine (ou du quantum) dans les cas de protection. En effet, à ses yeux : «*there is considerable difficulty on the duration of the restraint*» (p. 180).

Je ne peux pas discuter ici des solutions envisagées par Spencer pour résoudre ce problème. D'ailleurs, en tant que telles, elles présentent peu d'intérêt aujourd'hui et sont souvent insuffisamment explicites, voire parfois contradictoires à certains égards avec ses principes. L'important, c'est l'intérêt qu'il porte à l'ensemble des questions concernant les limites du droit de punir et la *priorité* qu'il accorde aux *principes du dédommagement et de l'intervention minimale*. Il est ainsi à la fois en faveur de la modération et contre les décisions arbitraires en matière de sanctions, mais il ne cherche pas à obtenir une simple égalité formelle. En effet, pour lui, l'équité doit être recherchée dans l'application de ces deux principes. Je fais peut-être dire ici à Spencer un peu plus qu'il ne dit lui-même, mais je ne crois pas avoir trahi sa pensée.

Il est important d'apprécier comment ce paradigme perdu réussit à poser le problème de l'intervention juridique dans le pénal en accordant la priorité aux mesures de dédommagement, en refusant toute disqualification juridique des personnes trouvées coupables et en prenant en ligne de compte la réciprocité des droits : ceux des personnes condamnées, ceux des victimes directes et réelles, voire ceux, plus abstraits, de la société.

Il faut ensuite insister sur l'autonomie de ce paradigme vis-à-vis l'objectif idéologique de la «guerre à la criminalité», aussi bien que vis-à-vis l'objectif rétributiviste (pénal) de restauration d'une égalité universelle selon la nature des choses (Kant[8], Hegel ; voir Pires, 1990a). En choisissant de ne pas faire appel aux théories de la peine et aux objectifs répressifs du droit criminel, Spencer a réussi à proposer un modèle qui met sur un pied d'égalité les parties impliquées dans les conflits (sans les disqualifier) et qui accorde une place réellement centrale et intégrée aux principes de la priorité du dédommagement et de l'intervention minimale dans la vie des gens.

Bien sûr, Spencer valorise beaucoup les efforts faits en prison pour rendre le système plus souple, pour améliorer le sort des personnes incarcérées et

---

8. Voir les remarques de Villey (1979, p. 23) sur Kant.

pour les assister le plus possible. Mais ni la réadaptation, ni la dissuasion, ni la neutralisation (au sens précis de cette théorie) ne figurent dans les principes justifiant la sanction. Bien au contraire, la réadaptation fait partie seulement des expériences pratiques qui ont été mises en œuvre sans référence aux principes éthiques. C'est d'ailleurs pour cette raison que l'on oublie, entre autres choses, les *droits des justiciables*. Avec quelques modifications, ce que Spencer dit ci-dessous à propos de la réadaptation s'applique aussi aux autres théories de la peine :

> *On the one hand, neither in the doctrines of pure equity with which we set out, nor in the corollaries drawn from them, is there any mention of criminal reformation : our concern has been solely with the rights of citizens and convicts in their mutual relations. On the other hand, those who have carried out the improved penal systems above described, have had almost solely in view the improvement of the offender : the just claims of society, and those who sin against it, having been left out of the question* (Spencer, 1860, p. 178).

1.2 LE PARADIGME «DE L'ÉTHIQUE TOTALE» (OU DE LA GUERRE CONTRE LA CRIMINALITÉ)

Pour faciliter la comparaison, j'illustrerai ce paradigme à l'aide des idées de Garofalo (1887 ; 1914) à l'égard du dédommagement et, tout particulièrement, de sa communication au Congrès pénitentiaire de Bruxelles en 1900 dont le titre a une saveur d'actualité : *Enforced Reparation as a Substitute for Imprisonment*.

Premièrement, il est intéressant de noter comment ce paradigme même, lorsqu'il parle de dédommagement, accorde une place centrale à l'objectif de «guerre à la criminalité». Le point de départ de Garofalo est donc bien différent de celui de Spencer. En effet, considérons la manière dont il a justifié le recours au dédommagement. Il invoque d'abord des raisons qui relèvent d'une «économie punitive» : 1) cette mesure permettrait de résoudre le problème de la surpopulation carcérale qui empêche les prisons d'individualiser le traitement et donc d'aboutir à de meilleurs résultats ; 2) l'effet de dissuasion du dédommagement serait, à ses yeux, plus fort que celui des courtes peines d'emprisonnement ; 3) cette mesure aurait l'avantage supplémentaire d'être moins onéreuse pour le contribuable. À ces considérations, Garofalo ajoute une raison d'ordre éthique : la protection des droits légitimes des victimes. Mais même ces droits sont présentés d'une manière problématique. Car tout se passe comme si les droits des justiciables n'existaient pas ou n'étaient pas importants. Contrairement à Spencer, Garofalo justifie alors en bonne partie cette sanction par référence aux théories de la peine et il conçoit le dédommagement exclusivement comme un mécanisme bienfaisant de répression et de contrôle.

Remarquons que Garofalo fait appel à la théorie de la dissuasion pour justifier le dédommagement, qu'il considère comme une «*new form of repression*» (1914, p. 227). C'est qu'il partage cette triple stratégie de la criminologie positiviste à l'égard de la «guerre à la criminalité»: *réadapter* quand cela est possible, *éliminer ou neutraliser* ce que l'on ne peut pas réadapter et *prévenir* ce qu'il est possible de prévenir (Garland, 1986, pp. 95-96). Or, la théorie de la dissuasion n'est pas incompatible avec ces objectifs:

> *And the foreclosure of such a possibility will be a much more potent means of disarming the enemies of society than the ridiculous punishments which are today imposed in the hope of reforming offenders* (Garofalo, 1914, p. 343).

> (…) *means of prevention much more potent than the menace of brief terms of imprisonment* (Garofalo, 1900, p. 423).

Deuxièmement, il faut relever les *omissions*, ce dont Garofalo ne parle pas. Il ne parle pas, par exemple, des droits des personnes condamnées. Et moins encore d'équilibre ou de réciprocité des droits. Bref, l'objectif de Garofalo n'est même pas «tempéré» par la considération des droits des justiciables. Hors les cas extrêmes, rien ne semble inquiéter le criminologue ou le pousser à vouloir limiter le droit de punir de l'État. Garofalo va proclamer à voix haute la nécessité de défendre les droits des victimes, ce qui est sans doute «progressiste»: «*the insufficiency of the protection accorded to the injured person is everywhere recognized in an equal degree*» (Garofalo, 1900, p. 421). Mais il prendra bien soin de ne pas mentionner les droits des personnes condamnées. Voici donc un des sens que je donne à l'expression d'éthique totale: elle s'enferme autour du justiciable sans le considérer vraiment comme un sujet des droits; il est une «cible» de l'intervention et celle-ci vise à extirper la «criminalité» qui existe en lui.

Lorsque nous affirmons aujourd'hui que la criminologie a négligé les droits des victimes, nous avons sans doute raison; en revanche, lorsque nous affirmons, ou laissons entendre, que la criminologie s'est préoccupée davantage des droits des personnes condamnées, c'est carrément inexact: la criminologie s'est occupée des personnes incarcérées, mais non de leurs droits. La différence n'est pas négligeable.

Résultat: Garofalo ne se soucie aucunement des limites du droit de punir, de l'équité, des questions relatives à la détermination de la longueur des peines d'emprisonnement, etc., bref, de toutes les questions concernant la *qualité* et la *durée* des restrictions imposées aux personnes. L'objectif principal ici est l'*élimination* ou la *réduction radicale* de la criminalité à travers notamment une politique pénale. Et celle-ci est conçue comme une politique de guerre.

Enfin, il est étonnant de voir comment Garofalo réussit à présenter une mesure, en soi progressiste, d'une manière et avec un langage extrêmement répressif. De quoi désenchanter n'importe quel partisan de la modération. Certes, pour Garofalo cette mesure n'est jamais exclusivement un dédommagement comme elle peut l'être pour Spencer. Elle a deux volets : une indemnisation payée à la victime et une amende payée à l'État. Mais ce n'est pas cela qui lui donne une allure répressive. C'est son langage, l'absence de considérations d'ordre éthique et juridique à l'égard de toutes les parties concernées et les mécanismes juridiques qu'il préconise pour assurer ce dédommagement[9].

Par contre, il est déroutant de voir comment, malgré ses positions partisanes, Garofalo peut aller loin dans la portée qu'il souhaite donner au dédommagement si l'on considère exclusivement les types d'infractions. Cette mesure peut s'appliquer au cas de mort et de blessures par négligence, aux voies de fait, à la diffamation, au vol non qualifié, à certains types de fraude, aux dommages volontaires à la propriété, etc. (Garofalo, 1914, pp. 227, 389-391). Il revendique aussi la création d'un fonds d'indemnisation pour les victimes qui serait alimenté en partie par l'argent obtenu par les amendes. Et il affirme même : «*I would confine the use of the prison within comparatively narrow limits*» (p. 425). Mais, encore là, cette recommandation n'est dictée que par un souci d'efficacité.

Il n'est donc pas étonnant de constater que les mouvements pour les personnes incarcérées aient insisté sur la question des «droits» à part entière de ces personnes. C'est que le programme criminologique, trop axé sur le but pragmatique de «combattre la criminalité», cette entité métaphysique que le criminologue croyait «enracinée» dans l'individu (Garland, 1986), proposait un modèle d'intervention *sans droits* et *sans principes éthiques* suffisamment explicités.

---

9. Garofalo propose un système complexe — voire confus — de mesures de différentes sortes pour assurer la réparation : avant le jugement, pendant le jugement et après le jugement. Ces mesures visent, entre autres choses, à prévenir toute tentative de la part de l'accusé d'escamoter ses biens pour ne pas payer ses dettes, et à résoudre le cas des justiciables qui ne disposent pas de biens ou d'argent, etc.

2. L'ÉVOLUTION DE LA PROBLÉMATIQUE DES DROITS DES PERSONNES INCARCÉRÉES AU QUÉBEC

L'histoire détaillée la défense des droits des personnes incarcérées au Québec reste à faire[10]. Si, sur la base de nos connaissances lacunaires, je devais faire une hypothèse sur le «dossier principal» de la lutte pour les droits des personnes incarcérées au Québec pour toute la période entre 1963 et 1980, je dirais ceci: il s'agit de la lutte contre la «politique du secret» ou «des portes closes» de la prison. Lutte qui visait à la fois à exercer un droit de regard sur ce qui se passe à l'intérieur des murs et à pouvoir informer le public d'une manière non officielle. Bref, c'était une lutte pour l'accès à l'information et pour l'éducation du public sur la vie en prison.

La lutte contre la construction de l'Unité spéciale de détention (USD) (dès 1965), ou pour la fermeture de Parthenais (non obtenue), ou pour de meilleurs soins médicaux, ou pour l'éducation des analphabètes, ou pour éviter que les jeunes ne soient incarcérés avec les adultes n'ont été que des dossiers ponctuels, bien que tout cela, et beaucoup plus, ait pris aussi le temps et l'énergie de ces personnes.

À titre d'hypothèse, j'aimerais retenir quatre moments et lignes de force de l'évolution de la question des droits des personnes incarcérées au Québec, à partir de la première moitié des années 1960:

i.   Tout d'abord, le mouvement qui naît au Québec autour de la Ligue des droits de l'homme va prendre en ligne de compte, entre 1965 et aujourd'hui, des questions de nature fort diversifiée: soins psychiatriques et médicaux appropriés, séparation des jeunes incarcérés d'avec les adultes, abolition des «traitements» inhumains dans des unités spéciales, etc. Mais aussi: lutte pour l'abolition de la peine de fouet et de la peine de mort dans le *Code criminel*, lutte pour une meilleure *Loi du Coroner*, pour le droit de regard dans les prisons, pour un moratoire sur la construction des prisons, etc. Bref, des questions relevant à la fois des droits-résistances, des droits-créances (*services*) et des questions de réforme pénale. Le rapport de l'enquête sur les conditions de détention entreprise par l'ODD, *Les Prisons de par ici* (Landreville, Gagnon, Desrosiers, 1976) — un ouvrage dont l'importance sociale pour la justice pénale québécoise n'est pas encore suffisamment reconnue — reflète bien cet intérêt diversifié pour les droits-résistances et les droits-créances. Mais aussi l'importance capitale de cet objectif premier qui consiste à «percer ce mur du silence et de tenir le public au courant» (p. 11).

---

10. Nous disposons par ailleurs d'une monographie sur le rôle de la Ligue des droits de l'homme du Québec (LDH) (Laurin, 1985). Dans cette étude, un chapitre est consacré à l'Office des droits des détenus-e-s (ODD).

Les juristes jouent un rôle important non seulement sur le plan de revendications, mais aussi en offrant leurs services comme médiateurs dans les conflits et en essayant de bâtir un droit carcéral capable de faire sortir les pratiques correctionnelles de l'ombre et de limiter le pouvoir correctionnel de gestion qui avait pris l'habitude de fonctionner sans avoir vraiment à rendre compte à personne de ses décisions. L'Aide juridique participera en mettant sur pied, pendant une certaine période, un service de droit carcéral[11]. Cette recherche d'un droit carcéral, voire correctionnel, se poursuit encore de nos jours (Lemonde, 1990).

ii. Ensuite, la pensée criminologique se modifie et devient de plus en plus critique vis-à-vis son propre passé et le système pénal; les questions de réforme du droit commencent à prendre de l'ampleur à la suite des premières publications de la Commission de réforme du droit, dans les années 1974-1976; et les questions constitutionnelles au Canada en matière de droits de la personne prennent un nouvel élan (particulièrement après 1980). On assiste alors à un élargissement et à une bifurcation d'intérêts qui étaient auparavant imbriqués. D'une part, les questions relatives au droit carcéral, traitées jusque-là d'un point de vue essentiellement juridique, relèveront de plus en plus des droits de la personne (voir Lemonde, 1990). D'autre part, on observera une tendance chez les criminologues à tracer les grandes lignes de la réforme carcérale sur la base d'une critique d'ensemble du droit pénal, sans toutefois abandonner complètement la dimension des services aux personnes incarcérées et leurs conditions de vie. Ces deux aspects de la question demeurent cependant complémentaires à certains égards.

Nous pouvons peut-être discerner deux grandes périodes de cette évolution. Celle qui va du début des années 1960 à 1975 environ se caractérise par l'accès à la prison et par l'énonciation des droits des personnes incarcérées. La période qui commence en 1975 élargit et modifie les termes de la problématique. L'accent est mis sur la réforme pénale globale, sur les coûts sociaux du système pénal, sur une remise en cause de la réadaptation, sur les mesures de rechange à la prison et l'examen des options abolitionnistes et sur une extension accrue des droits de la personne aux justiciables. Pendant cette période, on relance, avec plus de force, une série de questions qui avaient déjà été abordées: le casier judiciaire, l'emprisonnement par défaut de paiement d'une amende, la violence policière, la longueur excessive des peines, la peine de mort, les conditions de vie en prison et ses effets, le pardon, etc.

Le passage de la publication *Les Prisons de par ici*, qui caractérise la première période, au programme de recherches autour de la problématique

---

11. À ma connaissance, Me Robert Sacquitelle a joué un rôle important dans ce projet.

des *coûts sociaux du système pénal*[12] illustre bien ce déplacement d'une partie de la pensée criminologique franco-canadienne. Il s'est manifesté aussi dans les journaux des personnes incarcérées (*Le Tremplin, Face à la justice*) et dans une série d'organisations «de base» (comme le Comité pour le développement des alternatives à l'incarcération de la ville de Québec)[13] à partir de 1975.

iii.   La troisième tendance est liée au débat sur les théories de la peine. Elle est très complexe et ne peut faire l'objet d'un développement ici. Qu'il suffise de signaler que la question des droits des personnes incarcérées a entretenu, au début, des rapports ambivalents avec la théorie de la réadaptation. Lorsqu'il s'agit de demander des «services» (droits à...), certains praticiens favorables au mouvement pour les droits font quand même référence au principe de réadaptation, tandis que les chercheurs et d'autres praticiens ont tendance à revendiquer ces mêmes services exclusivement au nom des droits (Landreville *et al.*, 1976, pp. 16, 117-118). Par ailleurs, la période entre 1975 et 1985 se caractérise par un désenchantement marqué à l'égard de la théorie de la réadaptation, mais aussi par des hésitations et des doutes sur ce qui serait susceptible de la remplacer. Les prises de position sont alors souvent tâtonnantes et variées. Bref, on essaie de trouver des nouvelles assises pour penser les sanctions et justifier les mesures de rechange à la prison. Après 1985, on voit renaître l'intérêt pour la relation d'aide et pour la dimension des «services» qui avait été quelque peu éclipsé dans la période entre 1975 et 1985 en raison de l'accent mis sur la critique du principe de réadaptation.

iv.   La dernière tendance est le développement explicite et spécifique d'un souci à l'égard des droits des femmes incarcérées sous l'impulsion et l'influence du mouvement féministe. Bertrand (1979) a joué un rôle pionnier dans l'articulation des perspectives féministes avec la criminologie franco-canadienne. Il y a eu également, par la suite, une fusion des perspectives féministes avec la problématique des coûts sociaux du système pénal pour les femmes (Hamelin, 1989; Poisson, 1988). Du point de vue des revendications pratiques, certains progrès ayant déjà été obtenus au chapitre des droits-résistances, l'accent fut ici mis d'emblée sur les droits-créances. Car l'état des services et des conditions de détention pour les femmes était déplorable en comparaison du sort réservé aux hommes. Cette lutte pour de meilleurs

---

12.   Ce programme débute en 1975-1976 à l'École de criminologie autour de Pierre Landreville (Landreville, Blankevort et Pires, 1980) et il se poursuit tout au long des années 1980 sous la direction de Landreville, à l'Université de Montréal (voir Hattem, 1980, 1984, 1987, 1991; Pires, 1983; Hamelin, 1989), et sous ma direction, à l'Université d'Ottawa (voir Poisson, 1988; Rochon, 1988; Arsenault, 1989). Voir aussi Hattem et Parent (1982).

13.   Ce comité a produit la brochure «Dire non c'est logique!» pour exprimer son désaccord face à la construction de nouveaux pénitenciers au Québec.

services aux femmes a contribué à son tour, me semble-t-il, à cette revalo-
risation générale de l'idée de services et de relation d'aide après 1985.

3. LE DÉSENCHANTEMENT À L'ÉGARD DU PROJET PÉNITENTIAIRE

Pour bien comprendre ce qui a motivé les orientations abolitionnistes
d'une *partie* des mouvements pour les droits des personnes incarcérées aussi
bien que les déchirements existentiels que ces développements ont provoqués,
il faut évoquer brièvement le contexte de crise socio-culturelle de la fin des
années 1960 et des années 1970 (Pires, 1983, pp. 7-14). Deux axes sont particulièrement importants : les événements (par exemple les émeutes) et critiques concernant la prison et la prise de conscience d'autres formes d'op-
pression (à l'égard des femmes, des minorités ethniques, des populations
enfermées, etc.) que celle qui frappe la classe ouvrière. Cette prise de conscience est à la base des mouvements qui se sont développés en Amérique du
Nord pour les droits des groupes de «moindre pouvoir».

Le désenchantement à l'égard du projet pénitentiaire fut donc caractérisé
par la convergence d'événements et de facteurs de différents ordres : ainsi,
la surreprésentation des pauvres et des minorités en prison apparaît désormais
comme un effet discriminatoire du système pénal, la réadaptation et le programme positiviste font l'objet d'une remise en question et le champ sym-
bolique des droits de la personne englobe désormais les justiciables, etc.

Dans ce contexte, certaines personnes intéressées par la réforme prennent
conscience, notamment à travers quelques recherches historiques[14], d'un fait
à la fois intrigant et, pour certains, révoltant. On a pu constater que le grand
constat d'échec de la prison fait dans les années 1970 n'était que la pointe
d'un énorme iceberg et qu'il n'était pas du tout aussi «révolutionnaire» qu'on
l'avait cru. En effet, ces recherches nous ont fait remarquer qu'en lisant les
documents officiels produits en différents pays depuis le XIXe siècle, on
constate ceci : la critique de la prison était contemporaine de sa naissance.
Entre 1820 et 1845, on dénonce déjà le pénitencier comme le grand échec
de la justice pénale. Et cette critique devient de plus en plus incisive au fur
et à mesure que l'on s'approche du tournant du siècle. En outre, les chercheurs
ont souligné que cette critique était *répétitive et monotone* (Foucault, 1975,

---

14. La bibliographie est considérable. Voir particulièrement les travaux de David
Rothman (1971, 1975, 1980, 1981) et de Michel Foucault (1975, 1976). Voir aussi Rusche
et Kirchheimer (1939, p. 105).

pp. 269-273[15]). On dira, par exemple, que la prison est une école du crime et qu'elle produit (en partie) la récidive, etc.

Mais ce n'est pas tout. Les recherches ont souligné que ce grand constat d'échec, pour étonnant que cela puisse paraître, n'a pas débouché sur une mise en cause globale de l'emprisonnement. On va alors critiquer tel ou tel aspect de la prison sans la rejeter comme telle (Foucault, 1975, pp. 269-275; Rothman, 1971, p. 93; 1975, p. 18). Quoi qu'il en soit, tous les réformateurs — même ceux qui sont favorables à une discipline draconienne — dénoncent plus ou moins sévèrement certains aspects de la vie matérielle en prison (par exemple la qualité parfois «clairement» déplorable de l'alimentation) et l'absence d'un bon système de classification. Et tous sont d'accord sur l'échec de la prison. Ceux qui veulent que la prison reste dissuasive croient qu'elle pourrait mieux réussir *si* elle prenait soin de ne pas imiter le mode de vie de la société, *si* on parvenait à faire respecter une discipline stricte, *si* on limitait les contacts des personnes incarcérées avec le monde extérieur, *si* on ne pouvait en aucun cas abréger la durée des peines, etc. Par contre, ceux qui veulent que la prison devienne plus correctrice croyaient qu'elle pourrait réussir *si* les conditions en institution étaient plus saines, *si* un certain nombre de programmes étaient mis sur place, *si* le travail en prison était stimulant et rémunérateur, *si* on avait un bon directeur, *si* on réussissait à combler le fossé qui sépare les gardiens des personnes incarcérées, *si* on réussissait à modeler la vie carcérale davantage selon les critères de la vie en société, etc. Les réformateurs craignent encore plus un monde sans prisons qu'un monde avec des prisons inutiles et mauvaises (Rothman, 1981, pp. 378-379).

Pour Rothman, cette foi en la prison est particulièrement frappante, compte tenu de toute la misère humaine et la violence dont les réformateurs du xixᵉ siècle font état dans leur description de la prison. En effet, quiconque a lu un de ces rapports d'enquête du xixᵉ siècle sur les conditions de vie en prison peut se retrouver sans peine dans les remarques de Rothman (1981, p. 378):

> On lit les enquêtes de 1880 et 1890 sur la brutalité en prison avec une certaine tension. Comment ce rapport législatif va-t-il conclure? Sera-t-il capable de passer par-dessus toute cette misère et de proposer encore une recommandation visant à perpétuer le système? Invariablement la réponse sera «oui». Même beaucoup de temps après qu'il devient évident que la prison n'est pas en mesure d'accomplir les nobles objectifs de ses

---

15. Les recherches canadiennes faites par la suite ont abouti sensiblement aux mêmes résultats (Pires, 1986; C.C.D.P., 1986; Laplante, 1989).

fondateurs, l'emprisonnement continuera à exister. (C'est nous qui traduisons.)

Un bon nombre de ceux qui critiquaient les prisons dans les années 1970 ont été bouleversés par la prise de conscience de cette capacité du système carcéral à absorber les critiques sans se transformer fondamentalement. Comment expliquer la résistance de la prison à toutes ces critiques? Et comment ne pas répéter les erreurs des réformateurs précédents? Certes, plusieurs hypothèses ont été évoquées pour expliquer cette résistance de la prison aux changements de fond. Je ne peux pas les présenter ici. À dire vrai, aucune de ces hypothèses ne me semble entièrement satisfaisante et certaines encore moins que d'autres. Je veux tout simplement souligner le poids de cet énorme consensus qui s'est formé autour de l'échec de la prison et de la nécessité de faire quelque chose de différent.

Il faut remarquer que ce consensus fut le fait de gens avec des visions du monde et des insertions professionnelles bien différentes[16]. C'est dans cette conjoncture générale que les mouvements de réforme ont eu à se prononcer sur une nouvelle stratégie à adopter. Ils voulaient à tout prix éviter de commettre les mêmes «erreurs» que les commissions et les rapports précédents en demandant, encore une fois, une meilleure prison ou de nouvelles prisons. C'est alors qu'on a beaucoup discuté, au Québec, des hypothèses de Foucault et des orientations de réforme proposées par Louk Hulsman (1979, 1982) et par Thomas Mathiesen (1974). Ce dernier était fortement engagé dans un mouvement pour les droits des personnes incarcérées dans les pays scandinaves et avait classifié les réformes en deux types: les *réformes positives*, qui visent à améliorer et à développer une institution, et les *réformes négatives*, qui visent à réduire, voire à abolir une institution.

En ce qui concerne les prisons et le système pénal dans son ensemble, Mathiesen recommandait à tous de s'engager exclusivement dans les réformes négatives. Car l'expérience avait démontré que les propositions positives ne faisaient que légitimer et reproduire le système sans le modifier fondamentalement. Les réformateurs modérés et de «gauche» étaient tous d'accord pour dire qu'il fallait mettre un terme aux «politiques expansionnistes» et faire quelque chose de différent.

Se pose alors le dilemme suivant: Qu'est-ce que veut dire au juste «ne pas faire de réformes positives»? Doit-on arrêter de demander de meilleures conditions de vie en prison pour éviter de reproduire le système? Certes, ce dilemme se pose aussi devant certaines formes de charité. Ainsi, lorsqu'on

---

16. Voir, par exemple, le point de vue de Mattick (1973) qui compte vingt ans d'expérience dans le domaine de la justice criminelle.

donne de la monnaie à un mendiant, on se demande parfois si on «reproduit un système» ou si on «aide une personne». Et nous sommes rarement cohérents dans nos choix : un jour nous décidons de ne pas donner «pour ne pas reproduire le système» et le lendemain de donner «pour aider une personne» (même si de ce fait l'on reproduit le système). De même, au Québec, les positions sont demeurées incohérentes : on affirmait un principe un jour et on pratiquait le contraire le lendemain. D'ailleurs, je ne connais aucun mouvement pour les droits des personnes incarcérées au Canada qui ait adopté de manière stricte le principe de Mathiesen. Bien au contraire, on a fait des recommandations qui allaient à l'encontre de ce principe et qui visaient, entre autres choses, à l'amélioration des conditions de vie en prison (voir Landreville, Blankevoort et Pires, 1980). En outre, les positions de Mathiesen ont été moins influentes au Québec que celles de Hulsman et de Foucault, qui étaient beaucoup moins radicales à cet égard.

Cependant, il y a eu pendant cette période (1970-1985), particulièrement aux États-Unis, un glissement de sens important qui nous a affectés en partie, soit une certaine tendance à confondre les problèmes que pose la prison avec ceux que pose la théorie de la réadaptation. Or, s'ils sont reliés, ils ne sont pas identiques. Bref, on a commencé à attribuer à celle-ci tous les problèmes de celle-là. Certains sont venus à penser alors, dans le feu de l'action, qu'on pouvait trouver dans l'idée de punition proportionnelle et modérée (von Hirsch, 1976) une solution au problème de l'usage abusif de la prison. C'est ainsi qu'aux États-Unis, on a proposé la théorie du *juste dû* ou encore le retour au rétributivisme classique comme mesure de rechange au modèle de la réadaptation. Ces autres modèles ne nous offrent cependant pas une solution convenable (Pires, 1990a). Mais que faire alors ? Insister sur l'idée de réadaptation ? Condamner l'idée même de mesures de rechange à l'incarcération et prôner un retour à la prison ?

Les positions prises par une partie de la criminologie franco-canadienne ont été les suivantes. Afin de ne pas se laisser traîner sans résistance là où on ne veut pas aller tout en restant à l'écoute des besoins humains immédiats, il a fallu accepter d'abord le risque de l'incohérence et de la récupération et, ensuite, garder une orientation de réforme favorisant le principe de l'intervention minimale en matière de droit criminel. Par rapport à la prison, on a alors distingué grosso modo deux types de problèmes : celui relatif au nombre de places dans les prisons (et la durée des peines) et celui du régime en vigueur dans les prisons. Par rapport au premier, la règle générale est encore celle de Mathiesen. Ainsi, il faut demander un moratoire dans la construction de nouvelles prisons afin d'empêcher que cette voie ne soit adoptée pour résoudre le problème séculaire de la surpopulation. De même, l'ouverture de nouvelles prisons plus adaptées et modernes doit être effectivement accompagnée de la fermeture des vieilles, etc. S'ajoutent à cela les efforts pour réduire la longueur des peines.

Par rapport au régime de vie en prison, je crois qu'il ne faut pas hésiter : il faut l'améliorer, même si cela n'a rien en soi de «progressiste». C'est d'ailleurs depuis longtemps l'avis de Hulsman et aussi de Foucault (1976, p. 27) :

> Faire régresser la prison, diminuer le nombre des prisons, modifier le fonctionnement des prisons, dénoncer tous les illégalismes qui peuvent s'y produire... Ce n'est pas mal, c'est même bien, c'est même nécessaire.

Ce qui me semble aujourd'hui important, pour paradoxal que cela puisse paraître, c'est de ne pas se donner comme principal objectif de réforme la réduction de la «criminalité», mais de viser plutôt une hausse de la qualité de vie pour l'ensemble de la population et l'amélioration de notre système de résolution de conflits, ce qui pourrait permettre de diminuer le nombre de certaines situations-problèmes ou, tout au moins, de compter sur un système de résolution de conflits moins coûteux socialement. Car cet objectif de «guerre à la criminalité» évoque trop rapidement à l'esprit une représentation mystifiée des personnes et des problèmes, les formidables «théories de la peine» et des méthodes passablement répressives. Je pense, en outre, qu'il faut étudier l'échec des mesures de rechange afin de mieux orienter les propositions visant à une réduction radicale de l'incarcération. Il faut aussi éviter l'adoption de la théorie du juste dû, entre autres raisons parce qu'elle ne fait pas (encore) une place adéquate à la déjudiciarisation et aux mesures de rechange à l'incarcération (Pires, 1990a).

Spencer concluait son article de 1860 d'une manière qui n'est peut-être pas optimiste, mais qui peut nous aider à réfléchir sur ce qui a commencé à se produire chez nous après le bouillonnement d'idées nouvelles de réforme de nature humaniste qui ont marqué les années 1970 et le début des années 1980. Il écrivait alors ceci :

> J'ai donné occasionnellement libre cours, avec certaines réserves, au paradoxe selon lequel l'humanité ne prend le droit chemin qu'après avoir essayé tous les moyens possibles pour aller dans la mauvaise direction. J'ai observé cependant récemment qu'à certains égards ce paradoxe ne disait pas encore toute la vérité. Car certaines occasions m'ont fait voir que même lorsque l'humanité avait enfin trouvé la bonne direction, elle retournait souvent délibérément à la mauvaise. (Spencer, 1860, pp. 190-191) (C'est nous qui traduisons.)

3. GRANDEURS ET MISÈRES DES HUMANISMES DANS LES THÉORIES DE LA PEINE

Lorsqu'on examine les discours justifiant les peines, on constate un débat curieux. Les théoriciens de la peine se livrent en effet à un concours paradoxal : d'une part, c'est à qui se montrera le plus humaniste ou le plus respectueux de certaines valeurs; d'autre part, ils s'accusent réciproquement d'humanisme et ils n'aiment pas en être accusés. L'«humanisme» a donc, dans ce débat, un double statut : il est tantôt quelque chose d'enviable, une valeur noble à conserver, la preuve que nos sociétés ne sont pas barbares, bref un «avantage»; tantôt indice de mollesse, de sentimentalité, voire d'une certaine lâcheté, donc un «désavantage». On essaie de faire un tri entre le «bon» et le «mauvais» humanisme. On veut savoir laquelle des théories est la plus humaine et, en même temps, laquelle des théories est la plus ferme, la moins débile ou «efféminée» (Beaumont et Tocqueville, 1845, p. 136), celle qui nous détourne le moins dans notre route ou de nos principes absolus. C'est que l'humanisme est, dans les théories de la peine, à la fois chanté et maudit. Le dilemme de chaque théorie de la peine est donc le suivant : comment être humaniste sans «céder» à l'humanisme?

Avant de faire un rapide survol de ce curieux débat, il convient de se rappeler que le souffle humaniste, aussi authentique qu'il soit, ne permet pas, hélas, d'éviter des erreurs. Cela veut dire deux choses : si quelqu'un se trompe, on ne peut pas en inférer qu'il n'avait pas d'«intention humaniste»; à l'inverse, si une personne a des «intentions humanistes», cela ne veut pas dire qu'elle ne se trompe pas. En effet, les bonnes intentions et les humanismes ne constituent pas un garde-fou contre les erreurs et ne préviennent pas nécessairement des développements fâcheux.

Ensuite, il faut se rappeler que la situation est encore plus périlleuse lorsqu'on accepte d'«enfermer» nos humanismes dans des limites qui sont au départ problématiques. Or, les théories de la peine ont une fâcheuse tendance à coloniser notre imagination et à enfermer notre humanisme dans des limites passablement étroites. On est alors souvent appelé à trancher une alternative de ce genre-ci : qu'est-ce qui est le plus humain ou le plus conforme à nos mœurs : administrer le fouet ou imposer une longue réclusion? Ces théories nous amènent à s'imaginer dès le départ qu'il est juste ou utile de faire mal et d'imposer une «peine» (au sens du droit criminel); elles nous demandent ensuite de décider, avec une marge de manœuvre assez réduite, ce qu'est un mal qui n'est pas abusif; bref, de faire la différence, souvent trop subtile, entre «se venger» et «honorer les gens en leur donnant la peine méritée», entre «punir» et «envoyer les gens en prison pour les traiter», etc.

Examinons la position du rétributivisme pénal dans ce concours paradoxal sur les humanismes. Il se veut bien sûr humaniste. Car il pose l'exigence de la proportionnalité de la peine (sur la forme de la loi du talion) : le châtiment ne peut donc, sous aucun prétexte, excéder la faute. De plus, il soutient que l'être humain ne doit pas être un instrument pour des fins d'autrui, ni au nom de «son propre bien». En outre, le rétributivisme se prétend humain parce que la peine «juste» est une manière d'«honorer» le coupable.

Parallèlement, cette théorie se dit aussi ferme et peut bien se défendre contre toute «accusation» d'humanisme. Ainsi, un philosophe (humaniste) de l'envergure de Kant (1796, p. 216) a justifié l'application de la peine de mort indépendamment de tout critère d'utilité : même si la peine de mort est clairement inutile, le dernier meurtrier en prison doit être exécuté au nom du respect de nos principes moraux. Plus important encore : pour cette théorie, *la punition est un devoir moral impératif en matière pénale* : toute autre forme de résolution du conflit est ici condamnée et le pardon n'est que rarement recevable. On voit que cette théorie remplit toutes les conditions d'une «bonne» théorie de la peine : elle est humaine et, cependant, personne ne peut l'«accuser» de l'être.

La théorie de la dissuasion remplit aussi ces conditions. En effet, elle est humaniste puisqu'elle soutient aussi, à sa façon, que les peines doivent être proportionnelles aux délits (Beccaria, 1764, p. 48) : il ne faut appliquer ni les moindres châtiments aux plus grands crimes ni les grands châtiments aux délits triviaux. Elle s'élève ensuite contre tout excès despotique du pouvoir de punir : excès d'arbitraire et excès des peines. Elle critique les «abus d'un pouvoir sans bornes» et cette «froide atrocité que les hommes puissants regardent comme un de leurs droits» (Beccaria, 1764, pp. 46-47). Pour qu'une peine soit dissuasive, il suffit que le mal qu'elle cause surpasse le bien que le coupable a retiré de son acte. Or, surpasser n'est pas excéder. On doit choisir la moindre des peines applicables dans les circonstances (Beccaria, 1764, p. 159). En outre, la théorie de la dissuasion est humaniste parce qu'elle affirme aussi que la rapidité de l'intervention compte plus que la sévérité de la peine. Plus encore : puisque le seul objectif social de la peine est de détourner les personnes du crime, si l'on peut attendre autrement cet objectif, la peine classique ne se justifie plus. Le dédommagement peut donc être suffisant. Dès lors, la peine prend un caractère subsidiaire (Jhering).

La théorie de la dissuasion est-elle ferme ? Elle se défend bien également sur ce plan. Beccaria s'oppose à la peine de mort, mais ses arguments ne sont pas exclusivement humanistes : «la rigueur du châtiment fait moins effet sur l'esprit que la durée de la peine» (p. 92). D'autres, comme Bentham et Tocqueville, vont «renforcer» cette fermeté de la théorie. Pour ce dernier, la peine doit être sévère et le «but (…) de la philanthropie n'est pas de rendre les prisonniers heureux, mais meilleurs» (cité par Perrot, 1984, p. 21).

La théorie de la réadaptation est humaine, bien sûr, parce que beaucoup de ses représentants se sont battus contre les peines sanguinaires d'antan : les châtiments corporels et la peine de mort. Humaine aussi parce qu'elle a critiqué les conditions matérielles inhumaines de la prison au point d'attirer sur certains philanthropes la critique féroce d'un Tocqueville. Humaine encore parce qu'elle a voulu séparer les enfants des adultes, les femmes des hommes, les fous des «criminels», etc. Humaine, d'ailleurs, par son propre idéal de réadaptation morale, psychologique ou sociale des justiciables de milieu défavorisé. Humaine, enfin, parce que dans ses formulations les plus critiques, elle préfère la relation d'aide en liberté que l'enfermement et parce qu'elle perçoit de plus en plus l'importance d'une réflexion éthico-juridique sur les limites du droit de punir et d'une mise en pratique du principe de l'intervention minimale (Ouimet, 1969).

Pourtant, cette théorie s'est présentée aussi, et se présente encore, sous une figure insensible et sévère. Elle a affirmé qu'il ne fallait pas se leurrer sur la vraie nature des «petits contrevenants» ni les jauger à partir de leurs actes apparemment peu graves; que la durée des peines devrait être indéterminée ou assez longue pour permettre un «traitement efficace»; que le temps passé en prison n'était pas aussi perdu ni aussi dramatique que certains se l'imaginent, car l'être humain est une machine merveilleuse : il peut s'adapter «sans dommage grave et irréversible» à presque toutes sortes d'environnements. Et ceci est encore plus vrai pour cette «espèce particulière» que sont les «méchants».

Chaque fois qu'une théorie se présente sous sa figure «sévère» pour répondre aux «accusations» d'humanisme, elle est alors perçue par les autres comme dérapant vers la répression. Retenons un seul exemple. Le rétributivisme reproche à l'utilitarisme de vouloir faire de l'être humain un instrument pour dissuader les autres, pour protéger la société ou pour atteindre des fins imposées par les autres. Voilà, selon le rétributivisme, la dimension répressive de l'utilitarisme pénal. Mais l'utilitarisme reproche à son tour au rétributivisme (kantien) l'attachement de ce dernier au principe selon lequel la peine est un devoir moral et doit toujours être appliquée dans toute sa rigueur, même lorsqu'elle est socialement inutile. Pour les utilitaristes, ce principe représente un gaspillage social «inhumain». La boutade de Jhering (1877, p. 292), qui est favorable à l'utilitarisme, est à propos ici : il disait que si Beccaria n'avait pas protesté contre les peines excessives dans son ouvrage *Des délits et des peines* (1746), Adam Smith aurait été poussé à le faire en traitant des *Causes de la richesse nationale* (1776) afin de prévenir la société de sacrifier, sans nécessité, le capital de vie et de travail d'un de ses membres. Bref, le rétributivisme pénal est contre l'usage utilitaire de la peine, mais en faveur (par principe) de la punition inutile; l'utilitarisme pénal, en revanche, est en faveur de l'usage utilitaire de la peine, mais contre la punition inutile.

Et on vous demande de choisir! Comme écrivait à juste titre un éminent juriste et philosophe du droit italien, ce qu'il y a de mieux dans les théories de la peine c'est les critiques qu'elles s'adressent les unes aux autres (Del Vecchio, 1951, p. 211). Il aurait peut-être dû ajouter l'avertissement suivant: prenez garde, en essayant de les combiner, vous risquez de perdre justement ce qu'elles ont de meilleur!

Si, le dos au mur, je devais faire un choix (aujourd'hui, au Canada) en fonction de ces miettes humanistes des théories de la peine et de leur capacité à se modifier pour devenir autre chose, je choisirais l'humanisme de la théorie de la réadaptation. Mais ce choix serait qualifié en dénonçant à haute voix toutes les autres «peccadilles». Dans le cas de la théorie de la réadaptation, il s'agirait de dénoncer en même temps la conception du justiciable comme un être «anormal», l'idée de sentences indéterminées, l'attachement outrancier que certains représentants de cette théorie ont encore pour la prison, leur manque d'intérêt pour les questions d'éthique et de limites de l'intervention dans la vie des gens, etc. Bref, il resterait peut-être très peu de ce qui fut un jour la théorie elle-même.

*   *   *

À l'instar de ce qui s'est produit dans d'autres secteurs de la vie sociale et universitaire, les mouvements pour les droits des personnes incarcérées ont éclaté dans toutes les directions et il est très difficile de porter un jugement d'ensemble sur les orientations de ces groupes et des chercheurs qui y contribuent sur le plan théorique. Certains auteurs accordent beaucoup de valeur aux positions abolitionnistes, d'autres non; certains auteurs ont beaucoup d'espoir dans la capacité du droit formel et des tribunaux de résoudre les problèmes de la prison, d'autres non; certains auteurs accordent beaucoup de valeur à l'une ou l'autre des théories de la peine, d'autres non. Mais nous croyons que tous pensent que la réflexion éthique, la réflexion sur la réciprocité des droits, la modération et la réduction radicale de l'emprisonnement sont absolument nécessaires.

RÉFÉRENCES

ARSENAULT, R. (1989), *Détention préventive et procédures judiciaires : la carrière morale du prévenu*, Ottawa, Département de criminologie, Université d'Ottawa, thèse de maîtrise inédite.

BEAUMONT, G., TOCQUEVILLE, A. de (1845), «Système pénitentiaire aux États-Unis et son application en France», dans M. Perrot (ed.): *Alexis de Tocqueville, Œuvres complètes, Écrits sur le système pénitentiaire en France et à l'étranger*, Paris, Gallimard, tome IV.

BECCARIA, C. (1764), *Des délits et des peines*, Paris, Flammarion, 1979.

BENTHAM, Jeremy (1791), «Panoptique; Mémoire», dans J. Bentham, *Le Panoptique* (précédé de «L'Œil du Pouvoir», entretien avec M. Foucault), Paris, Pierre Belfond, 1977.

BERTRAND, M.-A. (1979), *La Femme et le crime*, Montréal, L'Aurore.

COMMISSION CANADIENNE SUR LA DÉTERMINATION DE LA PEINE (1987), *Réformer la sentence. Une approche canadienne*, Ottawa, Ministre des Approvisionnements et Services Canada.

DEL VECCHIO, G. (1951), *Justice. An Historical and Philosophical Essay*, Édimbourg, Edinburgh University Press, 1956.

DUMONT, H., LANDREVILLE, P. (1973), «Discipline et droits des détenus dans les institutions pénales au Québec», *Revue canadienne de criminologie*, vol. 15, n° 4, pp. 412-434.

FOUCAULT, M. (1976), conférence publique au colloque *Alternatives à la prison*, Université de Montréal. Texte inédit (transcription non revue par l'auteur).

FOUCAULT, M. (1975), *Surveiller et punir*, Paris, Gallimard.

GARAFALO, R. (1914), *Criminology*, New Jersey, Patterson-Smith.

GARAFALO, R. (1900), «Enforced Reparation as a Substitute for Imprisonment», *in* R. Garafalo (1914).

GARAFALO, R. (1887), *Riparazione alle vittime del delitto*, Irvin, Bocca.

GARLAND, D. (1986), *Punishment and Welfare. A History of Penal Strategies*, Hants, Gower.

GOFFMAN, E. (1961), *Asiles*, Paris, Les Éditions de Minuit, 1968.

HAMELIN, M. (1989), *Femmes et prison*, Montréal, Éditions du Méridien.

HATTEM, T. (1991), «Vivre avec ses peines: les fondements et les enjeux du contrôle et de la résistance saisis à travers l'expérience de femmes condamnées à l'emprisonnement à perpétuité», *Déviance et société*, vol. 15, n° 3, à paraître.

HATTEM, T. (1987), *Condamnés à 25 ans minimum: expérience vécue et perspectives d'avenir*, rapport de recherche inédit, Université de Montréal, C.I.C.C.

HATTEM, T. (1984), *Le Recours à l'isolement cellulaire dans quatre établissements de détention du Québec*, rapport de recherche inédit, Université de Montréal, Centre international de criminologie comparée.

HATTEM, T., PARENT, C. (1982), *Les Effets négatifs d'un casier judiciaire au niveau de l'emploi*, Montréal: *Les Cahiers de l'École de criminologie*, n° 8, Université de Montréal.

HATTEM, T. (1980), *Prisons du Québec: prisons des pauvres*, Montréal, École de criminologie, Université de Montréal, mémoire de maîtrise inédit.

HULSMAN, L. H. C., BERNAT DE CELIS, J. (1982), *Peines perdues. Le Système pénal en question*. Paris: Le Centurion.

HULSMAN, L. H. C., (1979), «Un paradigme "criminologique" abolitionniste et la recherche sur la catégorie du crime», dans *Le Fonctionnement de la justice pénale*, Paris, Éditions du C.F.R.S. (orig. 1977), pp. 485-497.

JACKSON, M. (1983), *Prisoners of Isolation. Solitary Confinement in Canada*, Toronto, University of Toronto Press.

JACKSON, M. (1974), «Justice Behind Walls. A Study of the Disciplinary Process in a Canadian Penitentiary», *Osgoode Law Journal*, vol. 12, pp. 1-103.

JHERING, R. von (1877), *A Evoluçaô do Direito (Zweck im Recht)*, Salvador, Livraria Progresso Editora, 1956 (trad. brésilienne).

LAPLANTE, J. (1989), *Prison et ordre social au Québec*, Ottawa, Presses de l'Université d'Ottawa.

LAURIN, Lucie (1985), *Des luttes et des droits. Antécédents et histoire de la Ligue des droits de l'homme de 1936 à 1975*, Montréal, Éditions du Méridien.

LANDREVILLE, P., BLANKEVOORT, V., PIRES, A. P. (1980), *Les Coûts sociaux du système pénal*, Montréal, École de criminologie, Université de Montréal, rapport de recherche inédit.

LANDREVILLE, P., GAGNON, A., DESROSIERS, S. (1976a), *Les prisons de par ici*, Montréal, Parti-Pris.

LEMONDE, L. (1990), *L'Habeas corpus en droit carcéral*, Montréal, Les Éditions Yvon Blais, Inc.

LOSCHAK, D. (1984), «Mutation des droits de l'homme et mutation du droit», *Revue interdisciplinaire d'études juridiques*, vol. 13, pp. 49-88.

LOSCHAK, D. (1981), «Droit et non-droit dans les institutions totalitaires», dans Centre universitaire de recherches administratives et politiques de Picardie (C.U.R.A.P.P.), *L'institution*, Paris, P.U.F.

MATHIESEN, T. (1974), *The Politics of Abolition. Essays in Political Action Theory*, Londres, Martin Robertson.

MATTICK, H. W. (1973), «The Pessimistic Hypothesis and an Immodest Proposal». *The Journal of the American Public Welfare Association*, vol. 31, n° 2, pp. 2-5.

OUIMET, RAPPORT (1969), *Rapport du Comité canadien de la réforme pénale et correctionnelle*, Ottawa, Imprimeur de la Reine.

MOURGEON, J. (1978) *Les Droits de l'homme*, Paris, P.U.F.

PERROT, M. (1984), «Tocqueville méconnu», *in* M. Perrot (ed.), *Alexis de Tocqueville, Œuvres complètes, Écrits sur le système pénitentiaire en France et à l'étranger*, Paris, Gallimard, tome IV.

PIRES, A. P. (1990a), «Le Devoir de punir: le rétributivisme face aux sanctions communautaires», *Revue canadienne de criminologie*, vol. 32, n° 3, pp. 441-460.

PIRES, A. P. (1990b), Éthiques et réforme du droit criminel: au-delà des philosophies de la peine», communication faite au Congrès de l'ACFAS, Montréal, 1989, texte inédit.

PIRES, A. P., VALLIÈRES, S. (1987), *Droits de la personne et information juridique: une recherche évaluative*, Ottawa, Ministère des Approvisionnements et Services Canada.

PIRES, A. P. (1986), *Critiques à la prison et principe de modération: inventaire d'extraits dans les documents canadiens*, Ottawa, Étude préparée pour la Commission canadienne sur la détermination de la peine.

PIRES, A. P. (1983), *Stigmate pénal et trajectoire sociale*, Montréal, École de Criminologie, Université de Montréal, thèse de doctorat inédite.

POISSON, M. (1988), *Les Femmes et le stigmate pénal*, Ottawa, Département de criminologie, Université d'Ottawa, thèse de maîtrise inédite.

ROCHON, G. S. (1988), *La Pratique du pardon au Canada (selon la «Loi sur le casier judiciaire»)*, Ottawa, Département de criminologie, Université d'Ottawa, thèse de maîtrise inédite.

ROTHMAN, D. J. (1981), «Doing Time : Days, Months and Years in the Criminal Justice Systems», dans H. Gross et A. von Hirsch (éd.), *Sentencing*, New York, Oxford University Press.

ROTHMAN, D. J. (1980), *Conscience and Convenience*, Boston, Little, Brown and Company.

ROTHMAN, D. J. (1975), «Behavior Modifications in Total Institutions», *Hastings Center Report*, vol. 5, pp. 17-24.

ROTHMAN, D. J. (1971), *The Discovery of Asylum*, Boston, Little, Brown and Company.

RUSCHE, G., KIRCHHEIMER, O. (1939), *Punishment and Social Structure*, New York, Russell and Russell, 1968.

SPENCER, H. (1860), «Prison-Ethics», dans H. Spencer (1966), *Essays : Scientific, Political and Speculative*, Osnabrück, Otto Zeller, vol. III.

VILLEY, M. (1979), «La doctrine du droit dans l'histoire de la science juridique», préface à E. Kant, *Métaphysique des mœurs (Première partie : Doctrine du droit)*, Paris, J. Vrin, pp. 7-26.

VON HIRSCH, A. (1976), *Doing Justice, The Choice of Punishments. Report of the Committee for the Study of Incarceration*, Boston, Northeastern University Press.

LA SOCIOLINGUISTIQUE AU SECOURS DES JURISTES
Claude Tousignant*

*Over the past twenty or so years, more and more linguists have been
called upon to give evidence in U.S. and Canadian Courts. The fields
in which they have provided testimony include that of sociolinguistic
analysis based on the link-up between language and society. The evidence they provide of the testimony between the socio-economic back-
ground of an accused person and his or her linguistic production
may, for example, determine the validity of a confession or the jus-
tification for a libellous statement attributed to the accused. However,
the lawyer who is familiar with and can master the various social
connotations associated with the various expressions used in court
will have a major advantage when it comes to encouraging a witness
to speak out, or convincing the judge and jury of the credibility of
what he or she tells them.*

La sociolinguistique est la science qui établit le corrélat existant entre
la structure sociale et la structure linguistique. Elle s'inspire donc du statut
social du locuteur ainsi que de la situation dans laquelle il évolue et rattache
à ces paramètres un modèle linguistique adéquat.

Les recherches sociolinguistiques ont pu établir plusieurs postulats par
le biais de centaines d'études réalisées partout dans le monde à partir de «corpus» (ou données d'analyse recueillies par le chercheur). Ceux-ci ont surtout
trait à la langue parlée mais peuvent également provenir de documents écrits
(tels articles de journaux, annonces publicitaires, etc.). Parmi les conclusions
les plus importantes auxquelles ont mené ces recherches, on peut dégager celles
qui suivent.

1.1 LANGAGE ET STATUT SOCIAL

Il existe un lien formel entre le statut social du sujet et sa façon d'utiliser
la langue parlée ou écrite. L'on entend par statut social tout état de fait caractérisant l'individu à l'intérieur d'une société. Ainsi, des paramètres tels le
degré de scolarité, le type d'emploi, le niveau socio-économique du quartier,
etc., sont autant de facteurs qui se situent à l'origine de ce que nous appelons

* Professeur de linguistique au Département de français, Université du Québec à
Trois-Rivières; chercheur associé au Centre d'études québécoises, Case postale 500, Trois-
Rivières (Québec) G9A 5H7.

les classes sociales et constituent du même fait des indicateurs et des balises du type de langage prôné par l'humain. Ces facteurs présentent souvent un lien très étroit avec certaines tendances et certaines habitudes linguistiques.

Les sociolinguistes ont maintes fois mis en lumière les relations tantôt entre le fait d'être scolarisé et celui d'adopter telle habitude discursive, tantôt entre le fait d'occuper un emploi de type manuel et celui d'utiliser telle autre forme langagière. Ce lien se résume souvent de la façon suivante : un locuteur entretenant des contacts réguliers avec la norme (celle des grammaires et dictionnaires) aura tendance à recourir à des procédés similaires dans l'utilisation de sa propre langue écrite et même de sa langue parlée. Ainsi, les sujets possédant une profession leur procurant ce contact régulier avec l'écrit (professeurs, avocats, écrivains, journalistes, professions libérales en général...) figureront habituellement parmi ceux dont la langue sera la plus standard, la plus normative. Dans le même ordre d'idées, l'on peut dire que plus le degré de scolarité d'un locuteur est élevé, plus celui-ci sera enclin à employer une langue normative, châtiée [1].

En contrepartie, nous pouvons également dire que moins un sujet est scolarisé (donc moins il a été mis en contact avec cette norme), plus il sera appelé à utiliser des formes présentant un écart important par rapport à la langue écrite standard. C'est là que nous retrouverons par exemple des formes syntaxiques non compatibles avec la norme telles que «la fille que je sors avec!», ou l'emploi de termes appartenant exclusivement à la langue parlée populaire (ex. : «se fendre en quatre», «être tanné», etc.).

1.2 LANGAGE ET CONTEXTE SOCIAL

La situation dans laquelle se déroule l'entretien jouera également un rôle de premier ordre dans la nature des composantes linguistiques. Ainsi, une situation de grande formalité (telle une demande d'emploi quant à la langue écrite ou une conférence devant un public adulte quant à la langue parlée) sera caractérisée par l'utilisation de formes normatives plutôt que populaires. Celles-ci seront fonction du degré d'attention porté par le sujet à sa langue (ou «autocorrection»), lequel sera lui-même à l'origine de ce que l'on appelle les «niveaux de langue» (différents toutefois selon qu'ils appartiennent à la

---

1. En fait, ce principe est celui du miroir puisque les instances politico-sociales ayant le pouvoir de juger qu'une forme est normative ou non, donc que cette forme peut ou non constituer un élément de l'écrit (alors manipulé par l'apprenant pendant sa période scolaire), sont les mêmes qui jugeront du langage de l'individu. On pourrait ajouter que le sujet qui, en contrepartie, manipule ces formes avec brio pourrait éventuellement être appelé à faire partie de cette élite politico-sociale.

langue parlée ou écrite[2]). Par contre, une conversation intime entre deux amis ou une lettre adressée à un parent feront plutôt appel à un code plus spontané, plus à l'abri des contraintes prescriptives de la norme. Cela signifie donc qu'un homme pourra utiliser une forme *x* pendant le petit déjeuner avec son épouse mais opter pour une forme *y* quand il donnera son cours au cégep ou s'il témoigne devant un juge. De la même façon, cet homme pourra écrire à son épouse dans un style *x* et à son député dans un style *y*, avec, dans ce dernier cas, un vocabulaire plus recherché. C'est ce que l'on appelle la dimension psychologique du discours.

1.3 LANGAGE ET GÉOGRAPHIE

Une troisième cause pouvant influer sur la nature exacte du langage a trait à l'aspect géographique entourant la production linguistique. Celle-ci sera souvent porteuse de formes lexicales ou phonétiques particulières. Ainsi, le sujet originaire de Trois-Rivières emploiera le terme «chétif» (prononcé *chéti*) en faisant allusion à un personnage désagréable pendant que le sujet montréalais l'associera plutôt à une personne maigre, rachitique (en prononçant toutefois le *f* final). Cette distinction au niveau du sens et de la prononciation est imputable au fait que les utilisateurs de ces formes, habitant des régions différentes, seront moins appelés à entrer en interaction linguistique et adopteront alors des usages qui nous laisseront entrevoir des différences parfois manifestes. Nous parlerons alors de «dialectes» différents.

L'absence de contacts suivis (autant du point de vue de leur fréquence que de leur intimité), causée dans le cas précité par une distance physique, est parfois attribuable à plus d'un facteur. Ainsi la présence d'une ville ou d'un village entre deux agglomérations (même relativement rapprochées l'une de l'autre) sera parfois suffisante pour engendrer des différences de prononciation discernables par l'ensemble des sujets. Même des accidents terrestres telles les chaînes de montagnes ou les grandes étendues d'eau seront susceptibles d'«isoler» en quelque sorte les habitants d'une région et d'entraîner par là une disparité linguistique non négligeable.

Sans vouloir toutefois minimiser l'impact de l'aspect géographique sur la variabilité du langage, nous nous devons tout de même d'en restreindre quelque peu la portée. L'importance et l'omniprésence caractérisant en effet

---

2. On a en effet tendance à classer différemment les niveaux de langue selon qu'ils appartiennent à l'oral ou à l'écrit. Ainsi un niveau dit «correct» en langue parlée sera perçu comme étant familier en langue écrite alors qu'un niveau dit «soutenu» en langue parlée apparaîtra à peine correct pour l'écrit. Finalement une langue parlée dite «recherchée» se verra attribuer le qualificatif «littéraire» si elle est transposée à l'écrit. La seule exception réside dans le niveau populaire qui, invariablement, s'appliquera à l'oral comme à l'écrit.

les réseaux de communication et de diffusion depuis quelques années nous obligent à reconnaître un rôle beaucoup plus limité à cette distance géographique à l'égard des distinctions linguistiques. La pénétration qu'exercent les médias écrits et électroniques dans les régions les plus éloignées contribue à une certaine homogénéité des formes langagières caractérisant les divers groupements d'individus. De façon générale, l'on a de plus en plus tendance à «imiter» les habitudes discursives des grands centres urbains, ceux-là mêmes qui possèdent habituellement le monopole des réseaux de diffusion.

Ainsi, lorsque Radio-Canada, par exemple, diffuse son téléjournal dans les régions périphériques du Québec et du reste du Canada, il est évident que le lecteur de nouvelles et les correspondants risquent, à longue échéance, d'influencer leurs auditeurs assidus. La plupart de ces émissions étant produites à Montréal, c'est donc l'accent montréalais («rehaussé» d'une prononciation très standard) qui se fera entendre dans des régions aussi nombreuses que variées[3].

1.4 LANGAGE ET ÂGE

L'âge du locuteur pourra également influer sur son expression linguistique. Par exemple, plusieurs enquêtes ont démontré que les jeunes locuteurs sont habituellement facteurs d'innovation linguistique (production de nouvelles formes dans la langue parlée ou écrite), étant beaucoup plus à l'affût de ce qui crée un effet de nouveauté dans le discours. Par ailleurs, les gens âgés (et scolarisés) auront souvent tendance à conserver des formes linguistiques ayant connu leur «heure de gloire» plusieurs années auparavant, ce que nous pourrions qualifier d'anciennes normes, lesquelles trahiront parfois l'âge des sujets les employant (Tousignant, 1987).

1.5 LANGAGE ET CONNOTATION

Comme nous venons de le voir très brièvement[4], la variation linguistique relève de divers types de facteurs qui seront à même d'orienter fortement la probabilité d'apparition des formes discursives dans un sens ou dans l'autre. Cela signifie donc que si une formulation linguistique peut varier en fonction de tous ces critères, elle sera alors sujette à produire un effet qui sera variable lui aussi. On parlera alors de connotation d'une forme linguistique. De la sorte, la forme appartenant majoritairement à la classe populaire, à une situation

---

3. Ce phénomène observé au Québec s'applique également à la France où, par le biais des médias, la «parisianisation» (ou l'art de s'exprimer avec un accent parisien) a connu depuis un siècle un essor considérable, et ce aux dépens des dialectes régionaux.

4. Pour plus d'informations à ce sujet, voir Labov (1978), Marcellesi et Gardin (1974) et Garmadi (1981).

familière, à une région éloignée des grands centres urbains possédera une connotation parfois négative dans certains milieux.

Par exemple, le mot «père» prononcé *pére* sera souvent perçu au Québec comme faisant partie du discours de la classe populaire. Sa connotation pourrait être négative dans les milieux intellectuels, scolarisés, etc. De la même façon, l'utilisation de termes recherchés, de mots savants, dans un contexte informel, d'intimité, pourrait entraîner certains jugements négatifs à l'égard de son utilisateur. Par exemple, un ouvrier québécois dans une taverne, sympathisant avec ses compagnons de travail et déclarant:

[1]   Vous avez vu ces congères[5]?

risquerait de subir quelques railleries et moqueries. Il va donc de soi que le phénomène de l'alternance linguistique est intimement lié au contexte social et n'est pas imputable au hasard. Cette constatation est d'une importance ultime dans la mesure où elle permettra une certaine prédictibilité des formes en fonction du contexte.

2.   APPORT ET PERTINENCE DE LA SOCIOLINGUISTIQUE EN COUR DE JUSTICE

Les procès, contrats, testaments deviennent généralement litigieux sur la simple base d'une phrase, d'un mot — ou même d'un son — mal défini, mal compris ou mal interprété. C'est ainsi que, souventes fois, un libelle ou une menace de mort *ne reposent véritablement que sur un ou quelques mots*, une phrase tout au plus. C'est la raison pour laquelle nous opterons, dans les pages qui suivent, pour une approche davantage phrastique que discursive, plus microscopique que macroscopique, nous attardant au substantif ou à l'épithète, à l'expression ou à l'énoncé. Cette approche, une parmi d'autres, n'implique pas pour autant que nous rejetions l'analyse plus globaliste du texte ou du discours en milieu juridique; au contraire, nous croyons que cette dernière s'avère d'une très grande pertinence dans la compréhension maximale du processus langagier judiciaire.

Les généralités résultant des recherches sociolinguistiques trouveront un champ d'application juridique sous plusieurs angles. En voici deux:

a)   le statut social d'un prévenu et sa production linguistique;

b)   la connotation sociale des formes linguistiques véhiculées en cour.

---

5. Communément appelées «bancs de neige» au Québec.

2.1 LE STATUT SOCIAL D'UN PRÉVENU ET SA PRODUCTION LINGUISTIQUE

2.1.1 *Libelles et menaces de mort*

Il arrive fréquemment que le procès d'un prévenu s'articule autour de propos qui auraient été tenus à l'égard d'un autre individu. Tel pourrait être le cas, par exemple, lorsqu'il y a accusation de libelle. L'on prête alors à l'accusé certaines paroles qui, dans un contexte particulier, peuvent porter tout le poids des accusations qui pèsent sur les épaules de son pseudo-auteur. Souventes fois, dans de tels cas, aucune pièce justificative telle que document sonore ou audio-visuel n'accompagne la preuve de la poursuite. Seules les déclarations des témoins permettent de maintenir les accusations et leurs propos prennent alors une importance capitale dans le déroulement du procès.

C'est précisément à ce moment qu'il convient de se demander si les mots faisant partie des propos que l'on prête à l'accusé sont tous susceptibles d'appartenir au lexique actif[6] de l'accusé. En d'autres mots, cela revient à poser le problème suivant:

N'importe qui peut-il dire ou écrire n'importe quoi?

La réponse est évidemment «non». Et les raisons peuvent en être aussi nombreuses que variées. Dans la plupart des cas, ce sont des facteurs d'ordre sociolinguistique qui nous permettront de mettre en doute la paternité de propos diffamatoires chez un prévenu. Tel que noté plus haut, l'on peut classer ces facteurs de la façon suivante:

a)   le statut social du sujet;

b)   le contexte social entourant l'échange linguistique;

c)   l'origine géographique du sujet;

d)   l'âge du sujet.

A. *Le statut social du sujet*

À titre d'illustration de facteurs liés au statut social, prenons le degré de scolarité d'un prévenu. Par exemple, il est possible qu'un mot ou une expression ne puisse faire partie du lexique d'un individu parce qu'une scolarité trop modeste ne lui aurait pas permis d'avoir accès à un vocabulaire si recherché. Tel serait le cas d'un prévenu dont la scolarité serait de cinq années et qui serait accusé d'avoir affublé son voisin des épithètes suivantes:

---

6. Mots pouvant non seulement être compris mais aussi *produits* par un sujet.

[2] fumiste
     vide-gousset
     vilipendeur
     tonitruant
     mythomane

Et la liste pourrait être longue! Il est effectivement peu probable qu'un vocabulaire aussi «riche» (et aussi rare!) puisse appartenir au lexique d'un individu
peu scolarisé. Nous ne prétendons toutefois pas qu'il soit *impossible* qu'un
tel vocabulaire se retrouve sur les lèvres de cette personne, mais néanmoins
nous croyons qu'une telle cause devient dès lors *défendable* (surtout si la
pseudo-victime de ce libelle ou toute autre personne agissant à titre de témoin
auditif dans cette affaire possède un degré de scolarité appréciable, lequel en
ferait une personne susceptible de posséder ces éléments du discours dans son
propre lexique de base).

B. *Le contexte social entourant l'échange linguistique*

Bien que plus difficiles à démontrer, les facteurs linguistiques liés au contexte social pourraient également intervenir dans une cause de libelle. En effet,
des questions ayant trait aux différents niveaux de langue caractérisant les
formes litigieuses pourraient être prises en considération par les parties impliquées. En d'autres mots, il est toujours possible de s'interroger sur la con-
gruence existant entre le niveau de langue rattaché à un terme ou une expression
figurant dans les propos diffamatoires prêtés à l'accusé et la situation sociale
pendant laquelle s'est déroulé cet échange linguistique. Ainsi des insultes pro-
férées en ces termes:

[3] bouché
     épais

correspondent habituellement à une situation sociale dite «informelle», là où
un degré minimal de surveillance de son propre parler se retrouve. Ainsi, donc,
si de tels propos sont associés à une conjoncture linguistique ne se prêtant
que très peu à leur production (par exemple une situation de grande formalité
telle une entrevue pour un emploi, une conférence, etc.), il est permis de jeter
un certain doute sur leur présence dans un tel contexte.

De la même manière, des mots généralement associés à une conversation
très formelle tels:

[4] détrousseur
     aigrefin
     malandrin
     corniaud

pourraient difficilement apparaître dans le cadre d'une conversation familière, surtout si celle-ci se déroule entre deux Québécois. Il devient donc possible, ici également, de contester l'apparition d'un mot inusité si le contexte entourant l'échange linguistique ne s'y prête pas.

C. *L'origine géographique du sujet*

En ce qui a trait aux facteurs d'ordre géographique, mentionnons qu'il est également possible qu'un accusé se voie prêter des propos non compatibles avec le parler caractérisant la région dont il provient. Ainsi le Montréalais qui se verrait attribuer des paroles libelleuses telles :

[5]   chéti(f)[7]
      bois-sans-soif[8]
      Tu fais simple[9] !

pourrait également être victime de témoins se parjurant. Si l'on fait abstraction d'influences très fortes, il est en effet peu probable qu'un individu adopte gratuitement le lexique d'une région qui serait autre que la sienne et qu'il n'aurait jamais habitée. Dans ce cas également, il serait approprié de fouiller les origines géographiques du ou des témoins l'incriminant dans cette affaire. Dans le cas où ces origines coïncideraient avec la région d'appartenance de l'expression ou des expressions impliquées dans la poursuite, il est raisonnable de croire qu'une défense deviendrait envisageable ici.

D. *L'âge du sujet*

Voyons maintenant comment un paramètre d'ordre chronologique pourrait exercer un rôle quelconque dans la défense ou la poursuite d'un prévenu. Prenons par exemple le cas d'un individu plutôt âgé qui en accuserait un plus jeune de l'avoir traité publiquement de voleur en ces termes :

[6]   Vous n'êtes qu'un maudit larron !

Cette fois encore, une cause sans très grande défense en apparence pourrait ici, par le biais d'une étude diachronique du vocabulaire impliqué, devenir contestable devant les tribunaux. En effet, le terme sur lequel repose le libelle, soit «larron», est reconnu par la plupart des dictionnaires comme faisant partie

---

7. Usage caractéristique de la Mauricie et signifiant «individu désagréable, déplaisant, voire méchant».

8. Usage caractéristique de la Belgique et signifiant «ivrogne».

9. Usage caractéristique de la région du Saguenay-Lac Saint-Jean et désignant un individu dénué d'intelligence.

d'un vocabulaire désuet, vieilli, peu employé de nos jours. Or il devient à ce moment plausible qu'une défense s'organise autour du fait que notre jeune accusé n'ait pu être enclin à l'utiliser dans son discours courant et que ce mot vieillot soit davantage issu de l'esprit du requérant dans cette cause, lui-même plus âgé et plus susceptible de conserver d'anciennes normes.

Le doute en rapport avec l'auteur possible d'une production linguistique pourra également se présenter dans le cadre d'un procès pour menaces de mort. Encore là, il sera approprié de se demander si le vocabulaire appartenant à la formulation de la menace de mort proprement dite est susceptible d'appartenir au lexique véritable de l'accusé. Comme c'était le cas pour le libelle, nous croyons que des causes d'ordre social, chronologique, géographique et stylistique (ou contextuel) peuvent apparaître ici.

Afin d'illustrer les facteurs social et stylistique, mentionnons que, sans être systématique, l'utilisation de plusieurs termes faisant fréquemment partie de la formulation de menaces de mort n'est pas laissée au hasard et dépend du statut social de son usager ou des circonstances entourant lesdites menaces de mort. Par exemple, les mots suivants :

[7]   descendre
       zigouiller
       liquider
       avoir la peau de

qui sont tous ni plus ni moins synonymes du verbe «tuer» sont généralement associés, selon la plupart des dictionnaires que nous avons consultés, à un sujet populaire ou à une situation familière. Or il n'est pas exclu que l'on puisse remettre en doute la présence de telles formulations dans un contexte qui ne s'y prêterait guère. De la même manière, des verbes à portée sémantique similaire mais à connotation sociale différente tels :

[8]   occire
       faucher
       trucider
       pourfendre

apparaîtraient difficilement dans la bouche d'un sujet peu scolarisé et dans le cadre d'une situation de grande intimité. Une certaine vigilance de l'avocat serait alors requise, surtout si le témoin incriminant l'accusé semble lui-même posséder une grande richesse lexicale (ou un lexique étendu et varié).

Mentionnons comme exemple de facteur chronologique le cas où un sujet âgé serait accusé d'avoir menacé de mort son beau-frère de la façon suivante :

[9]   Le type de mort qui t'attend va être *super* et *branché* !

Il est évident qu'ici, les termes «super» et «branché» appartiennent à une génération de locuteurs qui se recrutent parmi les plus jeunes, ce qui rendrait contestable l'accusation dont serait victime cet individu âgé.

2.1.2 *Et la preuve...*

Le fait que n'importe qui ne puisse dire n'importe quoi dans n'importe quelle circonstance étant établi, il convient maintenant de se demander s'il est possible de *prouver* qu'un prévenu ne peut avoir dit telle ou telle phrase. Sans aller jusqu'à avancer que nous pourrions prouver que telle personne n'a pas dit telle chose, nous sommes toutefois en mesure de dire que nous pourrions *semer un doute* dans l'esprit du juge et du jury quant à la vraisemblance de l'accusation. Cela pourrait être fait de la façon suivante :

a) Le linguiste recueille la plus grande quantité possible de documents sonores provenant de l'accusé. Il existe toujours la possibilité que son témoignage devant la cour soit enregistré. Par ailleurs, l'on pourrait également rencontrer l'accusé avant son procès et le soumettre à différents tests en vue d'établir quels termes exacts celui-ci utiliserait dans tel ou tel contexte. Des questions du type «Quels mots emploieriez-vous pour dire que...?» ou «Quel est le synonyme de...?» ou encore «Quel est le contraire de...?» permettraient à l'expert d'avoir une excellente idée de la façon dont s'exprime généralement l'accusé. De plus, il est toujours possible de lui donner une composition française sur un sujet précis, mais cette stratégie comporte au moins deux désavantages :

1) L'usage de la langue écrite constituant en soi une situation très souvent formelle pour le sujet, il est possible que le vocabulaire y apparaissant soit légèrement différent de celui qu'il aurait utilisé au cours d'une conversation familière. Un contre-expert linguiste travaillant pour l'autre partie aura vite fait de soulever cet argument. Cela signifie qu'un individu qui, dans le cadre d'une composition française, utilise par exemple le mot «téléviseur» peut aisément employer à l'oral le mot «télévision» ou l'abréviation «T.V.».

2) Il est également très difficile de «diriger» un sujet vers un concept précis à l'intérieur d'une composition. Si par exemple l'expert cherche à découvrir comment un accusé qualifierait l'endroit où il habite (logement, logis, appartement, piaule, etc.), il lui faudra espérer qu'un peu de chance l'accompagne — à moins d'être très directif face au prévenu — s'il veut espérer retrouver l'un de ces éléments à l'intérieur de sa production écrite.

La solution idéale (mais non toujours possible) serait donc de posséder un échantillon très appréciable de productions sonores provenant de l'accusé et ayant été recueillies *dans un contexte comparable à celui qui accompagnait la phrase litigieuse.*

b)   Une fois ces pièces entre les mains de l'expert, il devrait lui être relativement facile d'attirer l'attention de la cour sur le peu de probabilités entourant le fait qu'un accusé puisse avoir usé de tel mot lors d'une dispute ou dans le cadre d'un libelle. Si, par exemple, tous les documents sonores dont dispose le linguiste l'amènent à la conclusion que le prévenu emploie toujours le terme «logement» pour caractériser sa demeure, il pourrait alors affaiblir une preuve comportant la phrase:

[10]   Sors de mon logis ou je te tue!

Il en serait de même dans l'éventualité où les documents sonores démontreraient l'emploi exclusif du mot «éliminer» plutôt que «tuer» dans le langage du prévenu.

2.2   LA CONNOTATION SOCIALE ET LE MILIEU JURIDIQUE

L'une des principales constituantes de la signification du mot a trait à la «connotation» ou contenu émotionnel du terme impliqué. Rey (1970) définit ainsi ce concept:

> Élément de la signification d'une forme qui n'est pas commun à tous les communicants et peut varier selon les contextes (conçu comme affectif *vs* intellectuel, individuel ou appartenant à un groupe restreint *vs* social, évocateur *vs* descriptif, etc.) (p. 284).

Pour sa part, Gschwind-Holtzer (1981) mentionne que:

> (...) la signification (est) composée d'une partie stable, générale, commune à tous les locuteurs, à laquelle s'ajoutent des sursignifications, des valeurs supplémentaires affectives, culturelles, idéologiques différenciées selon les sujets (...) (p. 13).

Ce concept linguistique et stylistique est normalement maîtrisé d'une manière presque automatique chez l'ensemble des sujets, dans le cadre de leurs échanges quotidiens. Cette situation s'explique par le fait que tout locuteur natif d'une langue connaît généralement l'effet créé par l'utilisation d'une forme ou d'une autre dans tel ou tel contexte. Malgré tout, il peut arriver qu'«une "simple" expression comme "mère de famille" qui fait gronder plus d'une féministe» comme le souligne Hagège (1985), ou qu'un énoncé tel «c'est un socialiste» soient connotés différemment selon le public devant lequel ils sont produits.

Le point sur lequel nous aimerions attirer l'attention du lecteur a trait à l'importance que devrait accorder le juriste à ce côté «affectif», «émotif» du langage, ce côté «imagination et émotions» qui s'oppose peut-être à l'intelligence (Lyons, 1970). Cela signifie donc qu'en plus de se soucier du contenu (ou signifié) du message qu'il doit véhiculer, l'avocat (et dans certains cas le témoin «préparé» par l'avocat) aurait tout intérêt à manifester une certaine vigilance eu égard aux formulations employées devant la cour, au choix des mots, aux formes syntaxiques prononcées tout au long des interrogatoires, des plaidoiries, des témoignages.

Cet ajustement devrait être fait en fonction du contexte précis dans lequel évolue le juriste. Nous incluons dans la notion de «contexte» des éléments aussi variés que le profil sociolinguistique du témoin interrogé par l'avocat, celui du jury ainsi que le rôle joué par l'avocat dans le cadre du procès (poursuite ou défense). Voyons brièvement comment ces trois éléments contextuels devraient influencer la valeur connotative des formes utilisées devant la cour.

a) *Le profil sociolinguistique du témoin interrogé.* L'avocat qui procède à l'interrogatoire d'un témoin dans le but de lui «délier la langue» devrait toujours garder à l'esprit que plus son langage s'apparentera à celui du témoin, plus ce dernier sera à l'aise, en climat de confiance, donc susceptible d'afficher une très grande volubilité. À preuve cet avocat de la Commission d'enquête sur le crime organisé qui, il y a quelques années, questionnant un témoin qui parlait de «boîtes de cartron» (*sic*), se mit, lui aussi, à utiliser le terme «cartron» jusqu'à la fin de son interrogatoire, et ce avec des résultats étonnants.

Par ailleurs, le juriste questionnant un témoin pouvant apparaître sympathique ou vulnérable auprès du magistrat (ou, à plus forte raison, auprès du jury) ne devrait jamais perdre de vue que le pouvoir dominateur que lui confère le fait d'être celui qui interroge pourra aussi bien lui nuire que l'aider face à ceux qui jugeront. Ainsi que le mentionne Gschwind-Holtzer (1981) :

> L'acte d'interroger (…) se classe parmi les actes d'autorité dans la mesure où il oblige l'autre à entrer, quelle que soit sa motivation personnelle, dans l'univers discursif. Interroger, c'est exercer une pression sur l'auditeur en le poussant dans les voies de la parole. L'acte d'autorité qu'est la question s'affirme avec le plus de force dans le cadre de l'interrogatoire officiel ou privé où questionner devient synonyme de soupçonner, accuser, est donc attaque contre l'autre (p. 38).

C'est pourquoi il nous apparaît impératif pour le juriste de manipuler ce pouvoir avec soin, avec prudence, sans en abuser de façon apparemment préjudiciable pour le témoin. À l'instar de Gschwind-Holtzer, nous croyons qu'il est possible que :

> (…) la dépendance statutaire se marque (…) par des actes d'autorité pratiqués sous une forme atténuée propre à effacer le trait de «pouvoir». La demande de faire quelque chose s'exprimera alors non par l'impératif,

trop direct, mais à l'aide de formules et de circonlocutions énoncées avec une intonation particulière (*ibid*).

b) *Le profil sociolinguistique du jury*. De la même façon que les publicistes optent généralement pour un langage s'apparentant à celui de la clientèle cible, l'avocat qui interroge et qui plaide devant un jury devrait toujours se soucier de ce que la connotation sociale se rattachant à son langage corresponde le plus possible à celui que prônent la majorité des jurés lui faisant face (ou le «leader» de ce jury, le cas échéant).

Ainsi, dans le cas où l'avocat est confronté à un jury composé majoritairement de gens peu scolarisés, il lui serait sans doute plus utile de s'exprimer dans un langage relativement simple, clair, limitant les mots «savants» ou les tournures trop recherchées. Si, au contraire, la plupart des jurés ont une scolarité appréciable, le juriste aura tout intérêt à tendre vers une langue plus châtiée, plus standard. Les remarques formulées ci-dessus s'appliquent également aux témoins appelés par l'avocat.

c) *Le rôle tenu par l'avocat dans le cadre du procès*. Nous avons déjà mentionné le fait que la langue présente peu de vrais synonymes. Selon Ullmann, seuls les mots pouvant se substituer l'un à l'autre dans tous les contextes sans le moindre changement de sens cognitif ou «connotatif» peuvent être appelés synonymes. Et c'est précisément sur ce dernier point que nous voudrions insister. Il arrivera fréquemment que deux ou plusieurs mots entretiennent entre eux un rapport de quasi-synonymie; toutefois, c'est au niveau de la connotation ou de l'effet créé chez l'interlocuteur que se manifestera la plus grande différence entre eux. C'est pourquoi, selon l'effet que voudra créer l'avocat sur le jury ou, en d'autres mots, selon le rôle qu'il assumera dans le procès (poursuite ou défense), il est de première importance qu'il use des différents «synonymes» en usant de prudence, voire de stratégie.

Par exemple, dans le cadre d'un procès, l'emploi de l'une ou l'autre des formes suivantes par les avocats de la Défense ou de la Couronne, créera, pour qualifier le même meurtre, un impact fort différent :

[11]   à la suite de l'*incident* du 1er décembre (connotation très faible);

[12]   à la suite des *événements* du 1er décembre (terme neutre);

[13]   à la suite du *massacre* du 1er décembre (connotation très forte).

L'avocat assumant la défense d'un prévenu aurait tout intérêt à opter pour [12], l'énoncé [11] minimisant beaucoup trop l'importance du geste (ce qui risquerait de heurter le jury et de le «rebeller» contre le procureur) et l'énoncé [13] comportant une connotation pouvant visiblement nuire à son client. Quant à l'avocat de la poursuite, il aurait sans doute avantage à adopter la formulation

[13], pour les mêmes raisons. Ces remarques s'appliquent également aux témoins appelés par les différents avocats.

CONCLUSION

La présence du témoin-expert linguiste en cour de justice relève d'un phénomène tout à fait récent, du moins au Canada. Et cette situation n'est certainement pas étrangère au fait que le passage d'un tel témoin devant le magistrat fait quelquefois l'objet, pendant la période d'approbation surtout, de questions ayant trait à la pertinence d'un tel témoignage. Généralement, le linguiste aura tôt fait de dissiper toutes les incertitudes relatives à son implication en faisant valoir le fait que de même que la géographie est la science qui étudie les phénomènes physiques situés à la surface du globe terrestre, la linguistique n'est rien d'autre que l'étude scientifique du langage. Et qui dit étude «scientifique» dit «d'une valeur universelle, caractérisée par un objet et une méthode déterminés, et fondée sur des relations objectives vérifiables[10]».

La langue est en effet un objet d'étude qui, souventes fois, provoque chez celui qui manifeste pour lui de l'intérêt une réaction empreinte d'émotivité, de subjectivité, faisant alors obstacle à une analyse objective. C'est alors que surgissent les campagnes de bon parler, les jugements de valeur, les sentiments d'autodéfense contre l'«envahisseur», etc. La linguistique s'inscrit tout à fait à l'encontre de cette approche, cherchant plutôt à faire ressortir les «universaux» du langage, les constantes émanant d'études rigoureusement menées, dénuées de toute opinion à caractère arbitraire, et faisant preuve d'une précision et d'une minutie ne pouvant être mises en doute.

Cette recherche s'effectuera, en milieu judiciaire, au moyen d'une approche *phonétique*, où l'étude instrumentale des sons de la parole pourra nous permettre de déterminer clairement la nature d'un phonème ou même, dans certains cas et avec les précautions qui s'imposent, la paternité ou la non-paternité de propos litigieux. C'est également par le biais de l'analyse *lexicologique*, celle-là même qui se préoccupe de la «structure» des mots, de leurs relations sémantiques, que pourra s'opérer une analyse rigoureuse du vocabulaire apparaissant dans les contrats comme les testaments, les menaces de mort aussi bien que les libelles. C'est aussi à travers la lunette *syntaxique*, témoin des liens unissant les mots en phrases, que pourra se poursuivre l'étude du «discours juridique».

Finalement, une expertise à caractère *sociolinguistique*, reposant sur les liens unissant langage et société, pourra nous permettre d'établir les rapports

---

10. Le *Petit Robert* (1987).

existant entre le profil socio-économique d'un prévenu (défini à partir de critères tels l'âge, le sexe, la scolarité, le milieu d'origine, etc.) et le type de production linguistique auquel l'on serait en droit de s'attendre. Dans le cas où survient une incompatibilité, confirmée par une vérification du discours, parlé ou écrit, antérieur et ultérieur au délit, une possible influence extérieure, lors de la déclaration statutaire, ou un faux témoignage, s'il s'agissait d'une accusation de libelle ou de menaces de mort, devient alors plausible. Par ailleurs, la connaissance et la maîtrise des diverses connotations sociales caractérisant différents mots, différentes tournures utilisés devant la cour pourront sans aucun doute constituer un atout majeur pour l'avocat désireux d'inciter un témoin à s'exprimer ou de convaincre juge et jury de la justesse de ses propos.

La sociolinguistique ne constitue pas une nouvelle arme pour l'avocat; celle-ci était déjà entre ses mains. Nous croyons toutefois que cette science est en mesure de lui fournir l'occasion de saisir toute la dimension structurelle de la langue, tout ce côté prévisible, non aléatoire se rattachant à cet ensemble de symboles indispensables à la complexité de la communication humaine. Et ce n'est qu'une fois ce postulat connu et reconnu par le milieu juridique que ce dernier pourra véritablement exploiter les innombrables ressources se rapportant à l'analyse sociolinguistique en cour de justice.

BIBLIOGRAPHIE

BASSNET-McGUIRE, S. (1980), *Translation Studies*, Londres, Methuen.

BÉDARD, E., MAURAIS, J. (1983), *La Norme linguistique*, Québec, Gouvernement du Québec, Conseil de la langue française.

BERNSTEIN, Basil (1975), *Langage et classes sociales*, Paris, Éditions de Minuit.

BLOOMFIELD, Léonard (1970), *Le Langage*, Paris, Payot.

BOURDIEU, P., BOLTANSKI, L. (1975), «Le fétichisme de la langue», *Actes de recherches en sciences sociales*, vol. 4, pp. 2-33.

COSTERMANS, Jean (1980), *Psychologie du langage*, Bruxelles, Pierre Mardaga éditeur.

DUFLOT-FAVORI, C. (1988), *Le Psychologue expert en justice*, Paris, Presses universitaires de France.

FISHMAN, J. (1968), *Readings in the Sociology of Language*, La Haye, Mouton.

GARMADI, Juliette (1981), *La Sociolinguistique*, Paris, Presses universitaires de France.

GSCHWIND-HOLTZER, Gisèle (1981), *Analyse sociolinguistique de la communication et didactique*, Paris, Hatier.

HAGÈGE, Claude (1985), *L'Homme de paroles*, Paris, Fayard.

HERTZLER, J. (1965), *A Sociology of Language*, New York, Random House.

LABOV, William (1976), *Sociolinguistique*, Paris, Éditions de Minuit.

LABOV, William (1978), *Le Parler ordinaire*, Paris, Éditions de Minuit.

LAROQUE, Pierre (1972), *Les Classes sociales*, Paris, Presses universitaires de France.

LECLERC, Jacques (1986), *Langue et société*, Laval, Mondia Éditeurs.

LYONS, John (1970), *Linguistique générale. Introduction à la linguistique théorique*, Paris, Larousse.

MARCELLESI, J.-B., GARDIN, B. (1974), *Introduction à la sociolinguistique*, Mont Saint-Aignan, Cahiers de linguistique sociale.

MOUNIN, Georges (1972), *Clefs pour la sémantique*, Paris, Seghers.

REY, Alain (1970), *La Lexicologie*, Paris, Klincksieck.

RICHAUDEAU, François (1981), *Linguistique pragmatique*, Paris, Retz.

TOUSIGNANT, Claude (1987), *La Variation sociolinguistique, modèle québécois et méthode d'analyse*, Sillery, Presses de l'Université du Québec.

ULLMANN, Stephen (1957), *The Principles of Semantics*, Glasgow, Jackson et Oxford, Basil Blackwell, vol. II.

Périodiques des Presses de l'Université de Montréal

GÉOGRAPHIE PHYSIQUE ET QUATERNAIRE

Directeur : Pierre J.H. Richard
Revue paraissant trois fois l'an
(été, automne, hiver)
Abonnement annuel **1991**

Individus

Canada	22$
Pays étrangers	27$
Étudiants avec n° de carte	17$

Institutions

Tous les pays	68$
Le numéro	12,50$

CRIMINOLOGIE

Directeur : Serge Brochu
Revue semestrielle (printemps et automne)
Abonnement annuel **1991**

Individus

Canada	14$
Pays étrangers	16$
Étudiant avec n° de carte	11$

Institutions

Tous les pays	27$
Le numéro	8,50$

études françaises

Directeur : Robert Melançon
Revue paraissant trois fois l'an (printemps, automne, hiver)
Abonnement annuel **1991**

Individus

Canada	18$
Pays étrangers	20$
Étudiant avec n° de carte	12$

Institutions

Tous les pays	35$
Le numéro	9$

Meta

(Journal des traducteurs /
Translators' Journal)
Directeur : André Clas
Revue trimestrielle (mars, juin, septembre et décembre)
Abonnement annuel **1991**

Individus

Canada	22$
Pays étrangers	26$
Étudiant avec n° de carte	17$

Institutions

Tous les pays	45$
Le numéro	8$

SOCIOLOGIE ET SOCIÉTÉS

Directeur : Louis Maheu
Revue semestrielle (printemps et automne)
Abonnement annuel **1991**

Individus

Canada	21$
Pays étrangers	25$
Étudiant avec n° de carte	16$

Institutions

Tous les pays	43$
Le numéro	13$

DEVIANCE et SOCIETE

SOMMAIRE DU VOL. XIV, N° 3

Adresse de la rédaction:
Université catholique de Louvain
Département de criminologie et de droit pénal
Place Montesquieu 2 — B-1348 Louvain-la-Neuve (Belgique)

Adresse de l'éditeur:
Editions Médecine et Hygiène — Case postale 456 — CH-1211 Genève 4

Prix de l'abonnement annuel:
Pour la Suisse et l'Etranger (4 livraisons)
Bibliothèques et abonnements collectifs: FS 100.— FF 414.—
Abonnements individuels: FS 60.— FF 263.—
Prix du numéro séparé: FS 30.—

Publié avec le concours du Centre National de la Recherche Scientifique (France)

CONGRÈS SUR LA VIOLENCE ET LA COEXISTENCE HUMAINE

L'Association internationale d'échange scientifique sur la violence et la coexistence humaine (ASEVICO) organisera au Palais des Congrès de Montréal en juillet (13-17) 1992 son IIe Congrès mondial. Ce congrès réunira des spécialistes et des praticiens des nombreuses disciplines (criminologues, travailleurs sociaux, psychologues, sociologues, théologiens, juristes, médecins, psychiatres, politologues, historiens, philosophes, éducateurs, etc.) qui s'intéressent au problème. Les organisateurs se proposent d'aborder le thème de la violence dans toute son ampleur : sa nature, la diversité de ses formes, la violence individuelle et sociale, les violences faites à l'environnement et aux milieux de vie, les solutions et correctifs à trouver et à mettre en application. Des espaces d'exposition seront mis à la disposition des maisons d'édition et des divers organismes privés et publics pour faire connaître leurs publications sur la violence de même que les initiatives, méthodes et instruments mis en œuvre. Le Comité organisateur vous invite à prendre une part active à cet événement interdisciplinaire dont l'actualité s'impose avec une acuité particulière à notre époque. Pour obtenir une circulaire précisant les modalités de participation, les thèmes des sections et des ateliers, de même que les autres catégories de séances proposées par le Comité du programme, prière de vous adresser au Professeur Venant Cauchy, président du Comité organisateur, Secrétariat du IIe Congrès mondial sur la violence et la coexistence humaine, Université de Montréal, C.P. 6128, Succ. A, Montréal (Q), Canada, H3C 3J7.

tél. (514) 343-6111, poste 1330   fax (514) 343-2252

NATO
ADVANCED
STUDY
INSTITUTE

Crime
and Mental Disorder

Il Ciocco, Italy
August 25th - September 4th, 1991

This Advanced Study Institute is designed primarily as a teaching forum in which leading researchers present an up to date overview of their field. The last decade has seen significant advances in our understanding of the major mental disorders and crime. These new findings will be scrutinized. Conceptual issues, questions of experimental design, and issues of measurement will be addressed.

Programme

■ Mental health policies and the effects of these policies on crime ■ Determinants of the aggressive behavior of the mentally disordered ■ Characteristics of violent, mentally disordered persons.

Lecturers (provisional list)

■ EICHELMAN, B. (USA) **The Brain, Major Mental Disorder and Aggressive Behaviour** ■ GUNN, J. (Great Britain) **Crime and Schizophrenia** ■ HARE, R. (Canada) **Personality Disorders and Crime** ■ MEDNICK, S.A. (USA) **Perinatal Damage, Aggressive Behaviour and Mental Disorder** ■ MONAHAN, J. (USA) **Characteristics of the Physically Aggressive, Mentally Disordered Person** ■ OLWEUS, D. (Norway) **What is Known About Human Aggressive Behaviour?** ■ PATTERSON, G. (USA) **The Development of Aggressive Behaviour** ■ PIHL, R. (Canada) **Alcohol, Drugs and Aggressive Behaviour** ■ ROBINS, L. (USA) **The Relation Between Childhood Conduct Disorder, Adult Psychopathology and Crime** ■ RUTTER, M. (Great Britain) **The Development of Aggressive, Mentally Disordered Adults** ■ SCHALLING, D. (Sweden) **The Neurochemistry of Personality and its Relation to the Major Mental Disorders and Crime** ■ SCHULSINGER, F. (Denmark) **Schizophrenia and Aggressive Behaviour** ■ STEADMAN, H. (USA) **The Effect of Mental Health Policies on the Criminality of the Mentally Disordered** ■ TEPLIN, L. (USA) **The Use of Alcohol and Drugs by Violent, Mentally Disordered Persons** ■ VIRKKUNEN, M. (Finland) **Serotonin and aggression in mentally disordered men** ■ WEBSTER, C.D. (Canada) **The Vicious Cycle : Psychiatric Ward, Jail, and Back Again** ■ SHAH, S. (USA) **Future research on Crime and Mental Disorder**

For participation please apply to : Dr. Sheilagh Hodgins,
Centre de recherche Philippe Pinel
10905 Henri-Bourassa East
Montreal (Quebec)
Canada H1C 1H1
Telephone : (514) 648-8461
Facsimile : (514) 494-4406